말주변이 없어도
똑 부러지게 말하는 법

# 말주변이 없어도 없어도 똑 부러지게 말하는 법

정확히 표현하면서도 기분 좋게 기억되는 말투의 기술

이다정 지음

예문

'저 사람이 원래 저렇게
말을 잘했나?'
—
사람이 달라 보이는
말하기의 비결

━━━━ 스스로 말재주가 없고, 말을 해도 자주 무시당한
다고 생각하십니까? 근본적인 문제는 무슨 말을 하느냐가 아
니라 '어떻게 말하고 있느냐'일 수 있습니다. 소극적이고 자신
없는 태도, 끝을 흐리는 말투나 기운 없는 목소리 톤 등으로
인해 주목을 끄는 데 실패하고 있을지도요. 그로 인해 당신
의 주장, 심지어는 당신 자체가 평가절하되고 있을지도 모릅

니다.

많은 사람이 자신이 말을 못하는 이유에 대해 '무슨 말을 해야 할지 몰라서', '머릿속 생각이 정리가 안 돼서'라고 생각합니다. 틀린 것은 아니지만, 그것이 전부는 아닙니다.

조리 있게 말하는 사람을 보면 '저 사람, 말 한번 똑 부러지게 잘하네'라는 생각이 듭니다. 자신의 의사를 정확하게 표현하는 것이 부럽기도 하죠. 이때 조리 있게 말한다고 느껴지는 건, 오로지 내용 때문일까요?

'메라비언의 법칙'이라는 커뮤니케이션 이론이 있습니다. 미국의 심리학자 앨버트 메라비언은 커뮤니케이션에서 상대에 대한 호불호를 결정하는 요소가 무엇인지 연구했습니다. 그 결과 호감과 비호감을 결정하는 3요소는 시각·청각·내용 요소이며, 이 중 시각 요소가 55%, 청각 요소가 38%, 내용 요소가 7%의 영향력을 가진다는 것을 알아냈습니다. 다시 말해, 누군가와 대화하고 관계를 맺음에 있어 가장 중요한 요소는 시각 요소태도와 제스처, 표정 등이며 목소리와 어투 같은 청각 요소가 그다음이고, 내용은 시각과 청각 요소에 비하면 크게 영향을 미치지 않는다는 것입니다.

평상시 말주변이 없어 고민했던 사람이라면 한번 찬찬히 돌이켜보십시오. 사람들이 당신의 이야기에 주목하지 않는 이유는 어쩌면 내용이 아니라 나머지 요인 메라비안의 법칙에 따르면 93%에 달하는 요인, 즉 시각·청각적 문제 때문일지도 모릅니다. 무미건조한 말투, 잘 들리지 않는 목소리, 자신감이 없어 보이거나 반대로 오만해 보이는 제스처 등으로 인해 당신의 말에 관심을 가지지 않았을 수도 있습니다. 심하게는 당신이 무슨 말을 하든 선입견을 가지고 흘려들었을지도 모릅니다. 관심과 주의를 끌지 못하고, 집중하게끔 만들지 못하면 아무리 좋은 메시지라도 전달력을 가지기 어렵습니다.

이를 위한 해결책은 시각과 청각, 내용의 3요소를 모두 만족시키는 말하기의 기술을 익히는 것입니다. 이 책은 현직 보컬 트레이너이자 말하기 강사로 활동하는 필자가 보컬과 스피치의 접점을 연구하여 만들어낸 강력한 말하기 노하우를 담고 있습니다. 이른바 '퍼포먼스 토킹'의 기술입니다. 좋은 무대 매너와 매력적인 목소리 톤을 가진 사람의 노래가 청중의 눈과 귀를 사로잡듯, 말하기에도 나름의 무대 매너와 연출, 장점을 살린 목소리 톤이 필요합니다. 여기에 진실성 있는 콘텐츠가 결합될 때 비로소 똑 부러지는 말하기가 완성됩니다.

조금만 익숙해지면 전달력이 향상될 뿐 아니라, 어떤 상황에서든 긴장하지 않고 말할 수 있게 됩니다. 불안과 긴장이 사라지면 '어색해서 횡설수설하게 된다'거나 '머릿속이 하얘져서 무슨 말을 할지 모르게 된다'는 등의 고민과 이별할 수 있습니다.

나아가 일상적인 대화, 회의나 발표를 막론하고 모든 종류의 말하기가 편안해질 것입니다. 말하는 사람이 편안하면 듣는 사람도 편안해지고, 자연히 좋은 인상을 받게 됩니다. 누구를 만나든 당당한 태도로 자신을 주장하고, 상대로부터 인정받을 수 있습니다.

필자 또한 원래는 말주변이 없는 타입으로, 보컬 트레이너 이자 강사로 일하며 말하기와 관련해 여러 고충을 겪었습니다. 그리고 이 책에서 공개하는 노하우를 통해 말하기에 대한 콤플렉스에서 벗어날 수 있었습니다. 필자와 필자의 수강생들이 그러했듯, 독자 여러분들 또한 어디서 누구를 만나든 당당하고 자신감 있게 자신을 어필할 수 있게 되기를 바랍니다. 이 책이 누군가의 삶에 작으나마 도움이 될 수 있다면 그 이상의 기쁨이 없을 것입니다.

# CONTENTS

# part 01

# 다시, 처음부터 배우는 말하기의 기초반

퍼포먼스 토킹으로
말하기가 쉬워진다

# 만만하게 보일 것인가,
## 똑 부러져
## 보일 것인가

아무리 좋은 이야기라도 나만 아는 이야기라면 어떤 영향력도 가지지 못한다. 마찬가지로, 당신이 아무리 능력 있고 열정에 가득 찬 훌륭한 인재라 해도 그걸 어필하지 않으면 아무도 알아주지 않는다.

가끔 이렇게 한탄하는 사람을 본다.

"난 진짜 잘할 자신이 있는데, 왜 아무도 알아주지 않지?"

물론 상황에 따라 다를 수 있으나, 대개의 경우 잘할 수 있다는 자신감과 능력을 제대로 어필하지 못했기 때문이다.

필자가 아는 한 친구는 사람들이 자신의 이야기를 무시하는 데 대해 억울함을 토로하곤 했다.

"내가 말하면 들은 척 만 척해. 맨날 무시하고. 내가 그렇게 만만해 보이나?"

그런데 그에게는 특이한 말버릇이 있었다. 친구들과 있을 땐 그렇지 않은데, 상사나 고객처럼 편치 않은 사람과 대화를 나눌 때면 눈을 내리깔고 시선을 바닥에 고정한 채 말했다. 게다가 말꼬리를 흐리는 버릇도 있었다. 사람들이 그의 말에 귀를 기울이지 않는 데는 물론 경청하지 않은 사람들이 더 나쁘지만 그 자신의 말 습관 영향도 있었던 것이다.

말은 의사소통의 수단인 동시에, 자신을 드러내는 수단이기도 하다.

일례로, 말을 잘하는 사람을 보면 '똑 부러진다'는 인상을 받을 때가 많다. 자기주장이 확실하고, 맡은 일은 야무지게 해낼 것 같다. 그저 막힘없이 술술 말하기 때문에 그런 느낌을 받는 것이 아니다. 말하는 태도와 표정이 당당하고, 목소리와 제스처에 자신감이 있기 때문에 똑 부러진다는 인상을 받는 것이다. 반대로 웅얼거리듯 말하거나, 몸을 꼬면서 말하거나, 속삭이듯 작게 말하는 사람은 어쩐지 못 미더워 보이거나 아이 같아 보인다. 한 마디로 만만해 보이는 것이다.

이처럼 상대방의 눈에 보이고 귀에 들리는 모든 것이 '말'이다. 목소리와 말투, 손짓과 몸짓, 표정과 태도 등이 내용과 어우러져 내가 어떤 사람인지를 드러내 준다.

당신은 어떤 사람으로 보이길 원하는가?

## 친하지 않은 사이에서는 보이는 모습이 전부다

필자의 지인에게서 들은 이야기이다. 지인은 IT 업종에서 일하는데, 2년 전 회사를 옮겨 새로운 사무실에 출근하게 되었다. 그곳에서 만난 동료 A의 첫인상은 '사람은 착해 보이네'였다고 한다. 이직한 첫 날부터 회사의 이사가 대놓고 A를 면박하는 기분 나쁜 농담을 건넸는데도 A는 약간 주눅 든 듯한 표정으로 허허실실, 별다른 대응을 하지 않고 웃고만 있었기 때문이다. 외모 또한 실제 나이보다는 한참 들어 보여서 지인은 그가 '만년 대리'인 줄 알았다고 한다사실은 지인과 동갑이었다. 이후로도 말이 느리고 행동도 굼떠 보여 업무 능력에 대해서는 별로 기대하지 않았다. 그런데 A와 같은 프로젝트를 맡아 함께 일하며 사적으로도 친해지다 보니, A의 일처리가 야무지고 전문성 또한 뛰어난 편이라는 걸 알게 되었다. 지인은 말했다.

"이사는 A만 보면 '능력에 비해 월급이 너무 많아 감당이 안 되지?'라면서 면박을 주는데, A가 프로젝트에서 얼마나 중요한 역할을 하는지 잘 모르는 것 같아. A도 속으로 기분은 나쁘지만, 워낙 말주변이 없는 데다 소극적이라 그냥 웃고 넘긴다는 거야. 그 모습을 보고 새로 들어온 신입들마저 A를 은근히 무시하는 느낌이야. 옆에서 보는 내가 아주 답답해 죽겠어."

오랜 시간 가까이 지내다 보면 사람의 진면모를 알게 된다. 그러나 겉으로 보이는 이미지 너머 '진짜 가치'를 알아줄 만큼 친한 사람은 많지 않다. 옥스퍼드대학 로비 던바 교수의 연구에 의하면 일생 동안 친하게 지낼 수 있는 사람의 최대 숫자는 150명이라고 한다. 그중 절친한 사람은 5명 이내이며, 나와 공감할 수 있을 정도로 친하게 지내는 사람은 15명, 그다음은 30명이다. 그외 나머지는 모두 좋은 감정을 가진 친구 정도이다.

말하지 않아도 나를 알아줄 사람은 많이 잡아도 30명 정도에 불과한 것이다. 이 세상에 최대 30명을 제외하고는, 나머지 사람들은 당신을 보이는 모습으로 판단한다. 그중에서도 특히 말하는 모습으로 말이다.

말하는 모습은 첫인상에 중요하게 작용한다. 첫 만남부터 서로 인성과 능력을 깊게 알아보는 대화가 오가는 경우는 거의 없다. 통상적인 대화 속에서 상대는 당신의 말하는 모습을 보고 당신을 판단한다. 여러 사회학 연구에 의하면, 사람들은 무의식적으로 상대의 말투와 자세, 표정, 습관적인 제스처나 몸짓 등을 통해 수백 가지 데이터를 파악한다고 한다.

그러므로 우리는 보이는 모습을 연출할 필요가 있다. "말주변이 없어서…"라는 핑계로 남들이 당신을 오해하거나 만만하게 보거나 당신에 대해 편견을 가지도록 놔두지 마라. "저는 자신감이 부족해서요", "전 외모 자체가 호감형이 아니라 어쩔 수 없어요"라고 말하는 사람도 종종 있다. 그러나 이 모든 것은 연출과 노력으로 극복이 가능하다. 자신감이 없다면 '자신감 있어 보이는' 모습을 연기하며 말할 수 있다. 외모는 좋은 목소리와 당당한 태도, 분위기로 충분히 극복이 가능하다.

즉, 말하기에도 퍼포먼스가 필요한 것이다. 퍼포먼스 performance란 공연, 연기를 뜻한다. '퍼포먼스 토킹'이란, 내가 보이고 싶은 모습을 상대에게 보여주고, 자신의 이미지를 컨트롤하는 대화법이다. 퍼포먼스 토킹은 기존의 화술에 더

하여 제스처, 매너, 표정, 태도, 목소리 톤, 성량, 그리고 보여주고 싶은 스토리와 메시지 등을 연출하는 방식이다. 노래를 할 때 가수가 무대 위에 올라가 관객을 사로잡는 방식과 비슷하다.

무대에 선 가수들의 일거수일투족은, 손짓과 표정까지도 모든 것이 퍼포먼스이다 본인이 의식하든 의식하지 않든 무대 위에서 자신을 연출한다. 가수, 뮤지컬 배우 등의 무대에서 착안한 퍼포먼스 토킹은 '나'라는 인물을 잘 모르는 사람에게도 효과적으로 나를 표현하고, 더욱 멋있게 드러내 보이기 위한 방법이다. 일상 대화뿐 아니라 프레젠테이션, 강연 같은 스피치에도 적용이 가능하다.

● performance talking ─────────

말은 내용이 전부가 아니다. 당신이 말하는 순간, 사람들은 말의 내용을 들음과 동시에 말하는 모습을 보고 목소리를 듣는다. 연구에 의하면 사람에 대한 인상은 그가 하는 말의 내용보다는 눈에 보이는 모습과 목소리로 결정된다고 한다. 그러므로 말 잘하는 사람, 똑 부러져 보이고 능력 있는 사람으로 보이고 싶다면 자기 연출이 필요하다. 말하기에도 퍼포먼스(연출)가 필요한 것이다.

# 말주변이 없다는
## 말로
### 도망치지 마라

◇
◇
◇
◇
◇
◇
◇
◇
◇
◇

내가 나를 보여주지 않으면 아무도 나를 알아주지 않는다.

'나는 왜 똑 부러지게 말하지 못하는 걸까?'

'내 의견을 제대로 제시하지 못해 번번이 손해를 본다니까.'

'내가 할 수 있다고 말했어야 하는데… 말을 잘 못해서 이번에도 기회를 놓치고 말았네.'

많은 사람이 이와 비슷한 고민을 가지고 있으며, 한결 같이 자신의 말재주를 탓한다.

그러나 말이 조금 어눌해도, 유려하게 말하지는 못해도 자기 할 말 다 하고 사는 사람도 많다. 요즘은 외국인들이 우리말로 방송에 출연하는 모습도 심심찮게 볼 수 있다. 그들의 말 속도는 약간 느리며 문장이나 표현이 어색할 때도 있지만 하고자 하는 말과 그 의도를 모두 전달한다.

그에 비하자면, 우리는 모두 한국어를 모국어로 하는 사람들이다. "난 워낙 말주변이 없는 사람이라 말을 못해요"라거나 "말솜씨가 없어서 사람들로부터 오해를 자주 사요" 같은 말은 핑계에 불과하다. 남 앞에서 말하기가 무섭고, 자기주장이나 표현을 하기가 두려운 것일 뿐, 말을 못해서가 아니다.


필자도 한때는 말하기에 두려움을 가지고 있었다. 남들 앞에서 말해야 하는 상황이 되면 심하게 긴장했고, 할 말이 정리되지 않아 횡설수설하는 일이 잦았다. 직장생활을 하던 시절에는 제대로 말을 전하지 못해 상사에게 대놓고 무시당하기도 했었다. 어느 날은 상사가 도대체 무슨 말을 하려고 하는건지 알아들을 수 없다며 화내고 자신의 방으로 들어가 버리기도 했다. 나름대로 노력한 것인데, 제대로 잘 전달되지 않아 스스로도 답답한 상황이 계속되었다. 비슷한 일이 반복되다 보니 말하기에 울렁증이 생겨 버렸다.

이처럼 나 자신도 말과 관련하여 어려움을 겪어봤기에 많은 사람이 실수가 두려워 말을 아끼고, "난 원래 말을 잘 못해서"라며 자신을 주장때로는 변호나 어필할 기회로부터 도망치는 것을 이해한다. 그러나 언제까지나 그렇게 지낼 수는 없는 일이다.

할 말을 제대로 전달하지 못하면 그것은 곧장 나에 대한 평가로 연결된다. 타인이 내 머릿속을 열고 생각을 읽어줄 수는 없는 일이다. 내가 어떤 능력을 가지고 있는지, 내가 원하는 것이 무엇이며, 어떤 점을 부당하다 여기는지, 전하고자 하는 진심이 무엇인지 입을 열어 말하지 않으면 대체 어떻게 전달하겠는가?

말주변이 없어도 말 잘하는 방법은 존재한다. 우리가 일상생활에서 필요한 것은 치열하게 논쟁하기 위한 말솜씨가 아니다. 화려한 언변으로 타인을 현혹하는 말솜씨도 아니다. 우리에게 필요한 것은 나의 가치를 보여주고, 내 의사를 제대로 표현하고, 나아가 원하는 바를 전달하기 위한 말솜씨이다.

퍼포먼스 토킹의 목적은 바로 여기에 있다. 즉, 말하기에 대한 두려움과 긴장감을 떨치고, 누구를 만나든 어떤 자리에서든 나를 제대로 보여주고 표현하고 전달하기 위한 것이다.

● performance talking ─────────────

우리 모두에게는 말공부가 필요하다. 살아가다 보면 어찌해야 할지 모르겠고, 숨 막힐 듯 어색한 분위기 가운데서 말을 해야 하는 순간이 오기 마련이다. 자신감과 당당함을 연출하고, 또렷하게 의사를 전달하는 퍼포먼스 토킹을 통해 이런 순간에도 긴장을 드러내지 않고 후회 없이 말하는 방법을 배워보자.

# 보컬 트레이닝에
## 말하기를
## 더하다

필자의 어릴 적 꿈은 가수였다. 막연히 '가수가 되고 싶다'가 아니라 어릴 적부터 그 단 한 가지의 꿈을 향해 달렸고, 수없이 오디션에 도전했다. 그러나 예대 졸업 후 꿈은 현실적인 벽에 부딪히고 말았다. 가수 외에는 미래의 가능성이나 적성에 관해 생각해본 적이 없었기에, 스물넷에 뒤늦은 방황이 시작되었다. 어떤 일이 적성에 맞고 과연 무슨 일을 잘할 수 있는지 찾으려 닥치는 대로 이력서를 내고 일하기 시작했다. 마트의 행사 도우미부터 안내 데스크, 스포츠센터나 병원 등에서 다양한 직업을 경험하였다. 그러나 결국 음악을 놓을 수 없었고 보컬 트레이너로 일하기 시작했다.

그런데 지도를 하려고 보니 뜻밖의 문제가 떠올랐다. 바로 말에 대한 콤플렉스였다. 남 앞에서 노래하기는 잘할 수 있었지만, 말을 하는 것은 다른 문제였다. 아는 지식도 제대로 전달하지 못했고, 지적하고 교정해줄 사항이 있어도 머뭇거리거나 말실수하여 자신감을 잃기 일쑤였다. 한 마디로 말주변이 없는 타입이었다.

이를 극복하기 위해 말하기를 공부하며 필자 나름의 노력을 기울이고 있던 어느 날이었다. 당시 가르치던 분으로부터 뜻밖의 피드백을 받았다.

"보컬 지도를 받은 뒤부터 고객을 대할 때 자신감이 생겼어요. 노래할 때처럼 목소리 톤을 다듬고, 손짓을 조금 더했을 뿐인데 고객들의 반응이 확 달라진 게 느껴져요."

그분의 이야기는 내게 큰 전환점이 되었다.

가창歌唱은 음악을 통해 이야기를 들려주는 행위이다. 종이 위에 그려진 악보와 가사는 커뮤니케이션에 비유하자면

'내용', '메시지'와 같다. 무대 위의 가수들은 제스처와 무대 매너 등 퍼포먼스를 통해 듣는 이들의 귀뿐만 아니라 눈과 마음을 사로잡고 노래 속의 메시지를 강력하게 전달한다. 나아가 사람들로부터 호감을 사고, 인기를 얻는다.

가수의 꿈을 꾸며, 또 보컬을 전공하며 수없이 준비했던 공연 속에 내가 찾던 '말하기의 해답'이 있었던 것이다.

이후 필자는 더욱 맹렬하게 스피치와 말하기를 공부하기 시작했다. 스피치 자격증을 따고, 커뮤니케이션에 관한 책을 닥치는 대로 읽었다. 그리고 효과적인 커뮤니케이션 방법에 보컬 트레이닝 법을 접목하고, 훈련과 실전을 거듭하며 점차 내 것으로 만들었다. 그리고 이를 수강생들에게 교육함으로써 그들의 달라진 모습을 확인하였다.

뜻밖의 이야기일지도 모르나, 노래를 배우러 오는 수강생들의 상당수는 정말로 노래를 잘하기 위해 오는 것이 아니다. 일상생활에서 자신감이 부족하거나, 낯선 사람들 앞에 서면 심하게 긴장하는 등 대인 관계와 관련된 고민을 조금이나마

해소하기 위해 오는 분이 생각 이상으로 많다. 이런 수강생들이 자신의 장점을 가장 잘 살릴 수 있는 목소리 톤을 알고, 적절한 자기 연출법을 배우면 눈에 띄는 변화가 나타난다. 전보다 당당한 태도로 말하는 것은 물론이고, 자신의 이야기를 정확하게 전달할 수 있게 된다. 남 눈치 보느라 할 말도 삼키던 것은 옛일이 된다. 그런가 하면 혼자 자기 할 말만 하느라 바쁘던 사람이 상대의 반응에 따라 완급을 조절하며 여유로운 자세로 소통하는 사람으로 변하기도 한다.

● performance talking ─────────

가수나 배우들이 모두 적극적인 성격, 겁이 없는 성격인 것은 아니다. 그들 또한 낯선 사람들과 대화하기를 힘들어하고, 남에게 자신을 보이길 두려워한다. 그럼에도 그들이 무대 위에서나 혹은 예능 프로그램에 나와 당당한 모습, 호감 가는 모습을 보일 수 있는 비결은 무엇일까? 바로 자기 연출에 있다. 우리가 비록 큰 무대에 오르거나 방송에 출연하는 것은 아니지만, 일상에서 나누는 대화나 스피치도 '남에게 나를 보여주는 것'이란 측면에서는 다르지 않다. 친하지 않은 사람과 대화하거나 여러 사람 앞에 서야 할 때면 '나는 지금 내 삶의 무대에 오르고 있다'고 생각하는 것이 어떨까?

## 당신의 말이
## 먹히지 않는
## 진짜 이유

살면서 남들 앞에서 노래 한 곡 정도 안 해보는 사람은 없지만, 그렇다고 우리 모두 가수가 될 필요는 없다. 마찬가지로 누구나 일상적으로 말을 하지만, 그렇다고 모두 달변가가 될 필요는 없다.

달변가는 타고난 강사, 방송인, 정치가가 될 수 있다. 그러나 우리가 삶에서 필요로 하는 말솜씨는 그러한 '달변'이 아니다. 대부분의 사람에게 필요한 것은 몇 시간을 치열하게 논쟁하기 위한 말솜씨가 아니라, 자신의 의사를 효과적으로 전달하기 위한 말솜씨이다. 나아가 누군가에게 좋은 인상을 남기고, 다시 만나고 재차 이야기 나누고픈 사람이 되어 좋은 인연을 맺기 위한 말솜씨이다.

이 같은 말솜씨를 갖기 위해 필요한 요소는 무엇일까?

미국 캘리포니아 대학의 심리학과 교수인 앨버트 메라비언은 우리에게 '메라비언의 법칙'으로 널리 알려져 있다. 메라비언의 법칙에 따르면 사람이 대화 상대에게 호감을 느끼는 요소는 3가지로, 이 중 표정과 자세, 몸짓 등의 시각적 요소가 55%를 결정하며, 어조와 목소리 등의 청각적 요소는 38%의 영향력을 가진다. 그렇다면 말의 내용은? 논리나 짜임새 등 말의 내용은 불과 7%의 영향밖에 미치지 못한다!

그럼에도 많은 사람이 무슨 말을 할지 걱정한다. 자신이 말을 잘 못하는 이유가 '조리 있게 말하지 못해서', '논리력이 부족해서'라고 생각하고, 할 말을 완벽하게 준비하려 노력한다. 그러나 알아듣기 힘든 작은 목소리로 계속 말끝을 흐리며 말한다면, 그 말에서 어떤 임팩트를 받을 수 있을까? 또 이유

없이 이죽거리며 웃거나 진지하지 않은 태도로 일관한다면, 아무리 훌륭한 이야기를 하더라도 상대의 기분을 상하게 할 수 있다.

같은 말을 해도 어떤 사람의 말은 더 잘 '먹히고', 어떤 사람의 말은 무시당하는 이유가 바로 이것이다.

평소 말주변이 없는 타입이라면 무슨 말을 해야 할지보다 어떻게 말해야 할지에 더 신경 써야 한다. 다시 말해 말의 내용을 준비하는 것보다 말하는 자세와 표정, 성량, 목소리 톤 등을 교정하는 일이 우선이라는 것이다. 메라비언의 법칙에서 말하는 93%의 요소태도, 표정, 목소리 등의 시청각적 요소가 갖춰지면, 나머지 7% 내용 요소는 자연히 따라온다.

태도가 당당하고 거침이 없는데 말의 내용이 비굴하거나 소극적인 상황을 상상할 수 있는가? 말하기에 자신감이 생기고 상대를 대하는 태도가 여유로워지면 무슨 말을 해야 할지 몰라 혼란스러운 상황이 줄어든다. 여기에 더해 평소 자기주장이나 스피치에 대비하여 말의 내용을 준비해 놓기까지 한다면, 할 말이 자연스럽게 머리에 떠오를 것이다.

이 책에서는 제스처와 표정 등 시각적 요소, 목소리 톤과 말투 등 청각적 요소, 그리고 나아가 말의 내용 요소를 갖추기 위한 퍼포먼스 토킹을 소개할 것이다. 책의 내용을 잘 따라오면 당당한 말하기, 여유로운 말하기, 나아가 누구에게나 먹히는 말하기가 가능해질 것이다.

● performance talking ─────────

스스로 말주변이 없다고 느낀다면, 그 원인을 찾아보라. 진짜 원인은 '무슨 말을 해야 할지 몰라서'가 아닐 수도 있다. 효과적으로 표현하고 전달하는 방법을 모르면 어떤 말을 해도 잘 통하지 않는다. 남들이 잘 들어주지 않으니, 스스로 말주변이 없다고 느끼는 것일지도 모른다. 또는 친분이 없는 사람과의 대화를 너무 어렵게 생각하여 긴장할 수도 있다. 이런 사람들도 자신을 '원래 말을 잘 못하는 사람'이라고 규정하곤 한다.

# 말은
# 입으로만 하는 것이
# 아니다

어린아이 치고 재잘재잘 떠들지 않는 아이는 없다. 아이들은 밑도 끝도 없이 질문하고, 또 질문한다. 엉뚱한 이야기를 쏟아내기도 한다. 스스로 말주변이 없다고 생각하는 사람이라도 어린 시절은 이와 같았을 것이다. 말은 지구 상의 동물 중에 인간만이 받은 선물이고, 우리 모두는 말에 재능을 가지고 있다.

자라면서 말수가 좀 적어졌다고 해도 친한 사람들과 말하기를 어렵게 느끼는 사람은 드물다. 누구나 편안한 자리, 친한 사람들 앞에서는 막힘 없이 말한다. 밖에서는 말수가 적던 사람이 가족에게는 속사포처럼 하루 일상을 털어놓기도 한다. 우리가 흔히 하는 생각과는 달리, '원래부터 말을 잘 못하는 사람'은 없는 것이다. 단지 말문이 막히는 상황이 있을 뿐.

그러므로 말을 잘 못하는 것이 고민이라면 '왜 말솜씨가 없을까?'가 아니라 '왜 말문이 막힐까?'로 질문을 바꿔볼 필요가 있다.

친구들과는 쉽게 나누는 일상적인 대화가 직장상사와는 잘 이어지지 않는 건 왜일까? 편한 사람들 앞에서는 봇물 터지듯 나오던 이야기가 면접이나 소개팅 자리만 가면 꽉 막히는 이유가 뭘까? 평상시엔 똑 부러진다는 말을 듣기도 하는데, 왜 거래처 담당자 앞에서는 횡설수설하다 할 말도 다 못하고 나중에 후회하곤 하는 걸까?

위와 같은 질문을 하면 대부분이 이렇게 답한다.

"무슨 말을 어떻게 해야 할지 몰라서요."

할 말이 떠오르지 않아서, 혹은 할 말은 많은데 머릿속이 뒤죽박죽 되어버려서 말을 못하게 된다는 것이다. 이 문제만 해결하면 어떤 상황에서든 말을 잘할 수 있으리라 생각한다. 그러나 이는 착각이다. 말할 내용이 머릿속에 스크립트처럼 펼쳐진다 해도 입이 쉽게 열리지 않을 것이기 때문이다. 또한 준비한 대사를 읊는다고 해서 그걸 듣는 사람들이 '말을 잘한다'고 느낄지도 의문이다.

자, 그럼 진짜 답을 찾기 위해 최근에 말문이 막혔던 상황을 돌이켜보자. 여기서는 편의상 B의 사례를 들어 보기로 한다 독자 여러분도 각자의 사례를 떠올려보기 바란다.

중견기업 기획부서에서 근무하는 B는 어느 날 사수를 대신해 중간 보고에 나서게 되었다. 해당 프로젝트는 시작 단계부터 사수와 손발을 맞춰 진행해왔기 때문에 내용은 누구보다 잘 파악하고 있는 상태다. 그러나 정작 보고가 시작되고 자신이 발표할 차례가 오자 손발이 얼어붙는 듯한 느낌이 들기 시작했다. 시선 처리를 어찌해야 할지 모르게 되었고, 자꾸 목이 메고 입술이 말라 목소리조차 평상시처럼 나오지 않았다. 당황스러운 나머지 머릿속이 엉망진창이 되고 말았다.

다시 말해 '무슨 말을 할지 모르겠다'는 것은 결과이고, 이를 초래하는 앞선 문제들이 존재한다. 어색함, 긴장감, 불안감, 불편함, 당황스러움 등이 그것이다. 이런 감정이 몸을 지배하기 시작하면 자연히 머릿속도 얼어붙는다. 말을 잘하려면 먼저 이러한 문제를 풀어야만 한다. 그렇지 않으면 아무리 화술을 공부한다 해도 써먹을 수 없고, 할 말을 외워간다 해도 로봇처럼 어색하고 건조한 말하기가 될 수밖에 없다.

필자는 보컬 트레이너로써 오디션을 준비하는 많은 수강생들을 지도해왔다. 오디션의 1차 목표는 평소만큼만 하는 것이다. 긴장과 불안에 억눌리면 평상시 실력조차 제대로 나오지 않는다.

말도 마찬가지다. 긴장하면 아는 내용도 생각나지 않고, 준비해 간 말도 무용지물이 되고 만다. 논리력도 가동되지 않는다. 똑똑한 사람이 전후 관계나 주어 없이 횡설수설하게 된다. 부당한 일을 당하고서도 말문이 막혀 어리바리한 상태로 할 말도 못하게 된다. 목구멍까지 차오른 말이 입 밖으로 좀처럼 터져 나오지 않는 경험도 한다.

## 긴장하지 않고 할 말 똑 부러지게 하는 비결

긴장하지 않고, 할 말 똑 부러지게 하기 위해서는 무슨 말을 할지 내용을 고민하기에 앞서, 긴장하지 않고 평소의 나답게 말할 방법을 찾아야 한다. 필자가 제시하는 방법은 '퍼포먼스 토킹'의 기술을 익히는 것이다.

말은 입으로만 하는 것이 아니다. 우리는 말하면서 손짓도 하고 다양한 표정을 지으며, 때로는 이리저리 돌아다니기도 한다. 목소리 또한 중요하다. 어떤 방식으로 목소리를 내면 자신의 목소리가 좋게 들리고, 어떤 제스처를 취했을 때 자연스러워 보이는지를 알면, 즉 자신이 어떻게 보이는지를 알면 자연히 자신감이 커진다. 여유가 생겨난다.

긴장을 덜하다 보니, 무엇보다도 말하는 사람 스스로가 편안해진다. 말하는 이가 편안하면 상대도 편안함을 느끼고 좋은 인상을 받게 된다. 반대로 심하게 긴장한 사람의 이야기를 듣다 보면 듣는 사람마저 긴장되고 불편함을 느끼기 마련이다. 긴장하고 당황하면 으레 나오던 어버버 하는 말버릇과 태도도 사라진다. 어색한 웃음으로 상황을 넘기는 것이 아니라, 당당하고 여유 있게 자기 할 말을 할 수 있게 된다. 그런 까닭에 심지어 "사람이 달라 보인다"는 말을 듣게 되기도 한다.

필자가 보컬 트레이너로서 첫걸음을 내디뎠을 무렵의 일이다. 나 자신이 오랜 기간 음악과 보컬을 공부해왔기에 이론과 훈련에 있어 모두 자신감을 가지고 있었다. 그런데 수강생을 가르치기 시작하자 멘붕이 시작되었다. 어떤 문제를 어떻게 고치면 개선되는지 그 방법을 머리로는 알고 있는데도 말이 나오지 않았던 것이다. 엉뚱한 단어를 선택하기 일쑤였고, 말을 내뱉고 나서도 '제대로 말한 건가' 확신이 없으니 방금 한 말에 자꾸 신경이 쓰였다. 이런 일이 거듭되자 '내가 말을 못하는 사람이었구나라는 생각이 들면서 점점 더 입을 열기가 두려워졌다. 그렇게 자신도 모르는 사이 말하기에 콤플렉스를 가지게 되었다.

무언가를 못한다고 생각하면 그 일과 관련된 일체가 두려워진다. 이렇게 위축된 모습을 보이니 수강생도 나의 지도를 전적으로 믿고 따라와 주지 않는 것이 느껴졌다.

앞서 커뮤니케이션에서는 시각과 청각 요인이 압도적인 영향을 미치며, 내용의 영향력은 그에 비해 매우 작다고 언급했다메라비언의 법칙 참고. 이것은 내용이 중요하지 않다는 뜻이 아니다. 내용, 즉 전달하고자 하는 지식과 메시지는 커뮤니케이션의 핵심이라고도 할 수 있다. 시각과 청각 요인은 이러한 핵심을 전달하는 역할을 한다.

알맹이가 아무리 훌륭해도 전달이 제대로 되지 않으면 헛수고에 불과하다. 곡이 아무리 좋아도 퍼포먼스가 엉망이면 그 곡의 진가가 드러나지 않는 것과 같다. 일례로, 해외 유명 가수가 내한하여 방송에서 노래를 불렀을 때, 가창 실력과는 별개로 주머니에 손을 넣고 노래하는 모습으로 인해 질타를 받았다. 그의 태도에서 불쾌감을 느낀 사람들은 그의 노래에 집중하지 못했다.

가르치는 일도 마찬가지였다. 내가 아무리 잘 알고 있다 해도 자신감 있는 태도를 보이지 못하니 상대가 내 말에 믿음을 가질 리 없었다. 안절부절못하며 위축된 모습은 신뢰감을 떨어뜨렸다.


이 일은 나에게 값진 경험이 되었다. 아는 것과, 아는 것을 전달하는 일은 완전히 별개임을 깨닫게 된 것이다. 내가 하는 말이 옳다는 믿음을 갖고 있다면 '확신에 찬 모습'을 보여줘야 한다. 우물쭈물 쭈뼛거리며 말해서는 누구도 내 말을 신뢰하고 따르지 않을 것이었다. 그러기 위해서는 당황하지 않고 말하기 위한 준비가 필요했다.

필자는 다양한 버전의 맞춤형 설명 방식을 준비했다. 음악에 대해 잘 모르는 수강생을 가르칠 때는 어려운 용어를 사용하지 않았으며, 전적으로 상대의 입장에서 생각해 이야기하려고 노력했다. 더 잘 전달하기 위해 말하기를 공부했고, 내 나름의 방식을 만들어갔다. 그리고 수강생들 앞에서는 확신을 가진 모습, 세상 누구보다도 잘 가르칠 수 있는 강사의 모습을 연출했다. 이렇게 하자 점차 긴장이 풀어졌고, 실제로 자신감을 되찾을 수 있었다.

덕분에 돌발상황에서조차 침착하고 밝은 표정을 유지할 수 있게 되자, 수강생들 또한 필자를 믿고 수업을 잘 따라와 주었다. 그 결과 최근에는 많은 수강생들이 실제 변화를 경험하기까지의 기간이 상당히 단축되어 시간을 절약하고 있다.

● performance talking ───────────

말을 입으로만, 머리로만 하는 것이라 생각하면 아무리 말공부를 해도 효과를 보지 못할 수 있다. 이런 일이 거듭되면 '난 정말 말을 못하는 사람이구나'라고 생각하게 된다. 그러나 말은 입이나 머리로만 하는 것이 아니다. 다시 말해, 상황별 표현을 외우는 정도로 말을 잘하게 되는 것은 아니라는 뜻이다. 당신이 말하는 순간 상대방의 눈에 보이고 귀에 들리는 모든 것이 '말'을 구성한다. 그러므로 시각, 청각, 내용의 모든 요소를 두루 개발하기 위한 말공부가 필요하다.

# 간단한
## 방법으로도
### 빠르게 개선된다

철저한 준비와 노력을 통해 필자는 강사로서의 이미지를 바꿀 수 있었다. 그런데 사람의 이미지, 즉 인상人相에는 태도나 표정뿐 아니라 목소리 또한 큰 영향을 미친다. 예를 들어 목소리가 작고 기운이 없으면 피곤하고 소심한 사람으로 비치기 쉽다.

어느 날 필자의 수강생 중 부동산을 운영하는 분이 고민을 토로해왔다. 업종상 상담도 많고, 전화통화도 수시로 해야 하는데 목소리가 고민이라는 것이었다.

"제가 말을 하면 어김없이 '어디 피곤하냐', '아픈 거 아니냐'고들 해요. 목소리가 힘이 없고 피곤하게 들린다는 거예요."

특히 전화통화로 먼저 인사를 나누고 실제 만나게 되는 경우, 목소리는 사람의 인상에 더욱 크게 작용한다. 명랑한 목소리를 가진 사람과 통화하다 보면 자연히 밝고 똑 부러지는 이미지를 상상하게 되기 마련이다. 목소리가 탁하고 힘이 없으면 사람도 별 볼 일 없을 것 같은 생각이 든다. 이는 실제 외모나 분위기, 행동과 관련하여 선입견으로 작용할 수 있다. 예를 들면 이런 식이다.

"어쩐지 전화 통화할 때부터 목소리에 기운이 없더라니, 실제로도 피곤하고 일하는 게 힘들어 보이시네요."

목소리를 듣고 가지게 된 선입견을 실제 모습에도 적용해서 생각하는 것이다. 정말로 피곤한지 그렇지 않은지, 컨디션이 좋은지 나쁜지, 맡은 바 책임감이 큰지 작은지 같은 것은 상관이 없다. 평가받는 입장에서는 매우 억울한(?) 일이 아닐 수 없다.

목소리 톤을 개선하면 이런 상황에서 벗어날 수 있다. 피곤해 보이는 목소리를 가졌던 위의 수강생은 다음과 같은 방식으로 목소리를 개선할 수 있었다. 독자 여러분들도 한 번 따라 해보기 바란다.

첫째, 호흡만 바꿔어도 소리의 질이 좋아진다. 짧은 숨의 흉식호흡을 깊은 복식호흡으로 바꿔보자. 잘 모르겠다면, 편히 누워 깊게 숨을 쉬어본다. 복식호흡을 하면 가슴이 아닌 배가 앞으로 나오게 된다.

둘째, 입 안에 공간이 있으면 울림에 차이가 생겨서 목소리가 달라진다. 동굴에 들어가서 "아~" 소리를 낸다고 상상해보자. 힘을 많이 주지 않아도 소리가 크게 울려 퍼질 것이다. 마찬가지로 입 안의 공간을 넓게 사용함으로써 건조한 목소리를 맑은 울림이 있는 목소리로 바꿀 수 있다. 잘 모르겠다면, 하품을 한 상태하품을 하면 입천장이 위로 올라간다에서 입술만 닫고 '음' 소리를 내면서 울림을 느껴보자. 그런 다음 평소와 같이 편한 상태에서 입술을 닫고 '음' 소리를 내본다.

그리고 말을 할 때 이 울림을 활용하는 것이다. '음' 소리를 낼 때의 울림을 이용해 그 느낌대로 '아~' 소리를 내는 연습을 한다. '음~ 니아~'를 발음하되, 울림이 유지되도록 소리 내는 연습을 한다.

넷째, 입을 크게 벌려서 모음의 입모양을 정확하게 만들어 발음해보자. 많은 사람이 입을 별로 벌리지 않고 말을 한다. 그러면 웅얼거리듯이 들리기 쉽다. 노래할 때도 써야 할 근육을 잘 활용하지 못하면 다양한 음역대의 소리를 편하게 낼 수 없는 것과 마찬가지다. 말할 때도 입과 턱의 근육을 잘 활용해야 한다.

이처럼 간단한 연습을 통해서도 목소리는 개선될 수 있다. 목소리만 바꾸어도 이미지가 상당히 달라진다. 다시 강조하건대, 말하기는 청각과 시각과 내용의 3요소가 모두 어우러질 때 잘 전달되고 임팩트를 가질 수 있는 것이다. 톤과 성량 등 목소리를 개선하는 방법에 관해서는 뒤에서 더욱 자세히 설명할 것이다.

평소 말하기에 자신이 없던 사람이라도 약점 한 가지만 고치면 확실히 달라진다. 간단한 훈련을 통해 개선하는 것만으로도 급격히 자신감이 붙는다. 여기에 더해, 똑 부러져 보이게 말하는 방법은 더욱 쉽다. 뒤에서 자세히 설명하겠지만, 발음이 정확하고 성량과 목소리 톤이 적당하여 또렷하게 들리면 지적이고 당찬 이미지로 보일 수 있다. 의사 전달력이 더욱 좋아지는 것은 물론이다.

column

# 당당한 말하기는
# 기회를 잡는 지름길

당당하고 똑 부러지게 말하면 자신의 가치를 높일 수 있다. 때로는 말을 잘하는 사람이 일을 잘하는 사람보다 더 높은 평가를 받을 때도 있다. 어찌 보면 억울한 일이다. 그러나 타인에게 주는 '이미지'에 따라 평가가 달라질 수 있다는 건 무시할 수 없는 현실이다. 자신감 있고 당차게 말하는 사람은 왠지 일도 더 잘하는 듯이 느껴지고 확실하게 처리할 듯 생각된다. 그러나 항상 우물쭈물하며 말하는 사람은 일처리에도 소극적일 듯 생각되고 어쩐지 믿음이 덜 간다. 이러한 편견이 엄연히 현실에서 작용하고 있다.

한편, 당당한 말하기는 좋은 기회를 얻는 가장 빠른 지름길이기도 하다.
기회는 제 발로 찾아오지 않는다. 자신을 적극적으로 표현하고 자신의 능력을 알릴 때 비로소 만날 수 있다.
일례로 필자의 주변에는 책을 내본 경험이 있는 작가들이 많다. 책을 쓰고 나면 한두 번쯤 강연 기회가 찾아오기 마련이다. 책에 대해 이야기하며 독자와의 만남이 이루어진다. 이런 기회에 강연을 잘한 작가에게는 곧이어 다른 강연 기회가 찾아온다. 필자는 이렇게 강연을 시작한 작가가 곧 수십 회, 나아가 수백 회 강연을 소화하는 인기 강사가 되는 모습을 목격하기도 했다.

이처럼 성공하는 강사들에게는 공통점이 있다.

첫째로, 언제 어디서든 자신을 표현할 준비가 되어 있다는 점이다. 기회가 왔을 때 쭈뼛거리거나 고민하거나 거절하지 않는다. 말을 얼마나 잘하느냐, 청산유수로 하느냐는 상관없다. 말의 속도가 조금 느리거나 딱히 화려한 말솜씨를 가지고 있지 않아도 괜찮다. 사람들은 자신을 드러내는 데 거침이 없는 사람에게 신뢰감을 느끼기 마련이다. 자신감이 있다는 건 그만큼 자기 능력에 확신이 있다는 것이고, 자신을 당당하게 표현한다는 건 그만큼 숨길 것이 없다는, 즉 잘못된 점이 없음을 방증하는 것으로 여겨진다.

둘째, 강연 전에는 철저한 리허설을 한다. 긴장하지 않고, 돌발 상황에도 잘 대처하는 가장 좋은 방법은 무엇일까? 바로 준비, 또 준비하는 것이다. 이때 리허설은 단순히 강의 내용을 외우는 데서 그치지 않는다. 단상에서 어떻게 이동할 것인지 동선을 짜고, 어디서 쉬고 어디를 강조할 것인지와 같은 리듬감을 기획하고, 어디서 어떤 제스처를 하고 표정을 지을 것인지 등을 모두 연습한다. 당황하거나 말문이 막혔을 경우도 시뮬레이션해 본다. 잘 생각해보면 스타 강사들의 강연에는 항상 퍼포먼스가 존재한다. 이 점을 눈여겨보기 바란다.

# part 02

# 자신감 넘치는 사람처럼 말하는 법

당당함과 여유로움은
연출할 수 있다

# 3분 안에
당신을
보여줄 수 있는가

학창 시절 이래로 우리의 삶은 매 순간이 자기 PR의 연속이다. 취업 준비에서부터 사회생활 초년에 이르는 시기는 이러한 자기 PR이 정점을 이루는 시기다. 면접이 이어지고, 하루가 멀다 하고 직장 선후배·동료·거래처·고객 등 낯선 사람들과 새로운 인간관계를 맺게 된다. 이 시기에는 아직 드러날 만한 능력이란 게 없다. 면접관의 입장에서는 대동소이한 취업준비생일 뿐이며, 직장상사 입장에서는 아무리 뛰어나 봤자 갈 길이 먼 신입사원에 불과하다. 당신의 존재를 드러낼 수 있는 것이라곤 당신이 하는 말뿐이다. 그러므로 어느 때보다도 자기 PR을 잘 하기 위한 준비가 필요하다.

스펙이란 곧 경력이다. 신입사원의 경우 업무와 관련된 경력이 없으므로 학력과 각종 점수, 수상 내역 등으로 서류를 채우게 된다. 워낙 취업이 어려운 현실이다 보니 하는 수 없이 다들 스펙에 목을 매게 되는 현실이다. 그런데 직원을 채용하는 입장에 있는 사람들에게 스펙에 대한 이야기를 들어 보니, 예상과는 다른 경우가 많았다. 스펙들이 상향 평준화되는 추세라 외국어 능력이나 수상 내역 등이 아무리 화려해도 그다지 특별한 느낌을 받지 못한다는 것이다. 또한 면접 스터디 등이 성행하는 덕분에 토론이나 발표, 질문에 대한 답변 수준도 대체로 비슷하다고 한다.

다시 말해 지식, 경험, 경력, 교양 등 가지고 있는 콘텐츠는 다 비슷하다는 것이다. 그렇다면 무엇으로 합격자를 가름하는가? 여러 면접관들의 말에 따르면 당락을 결정짓는 것은 성격, 개성, 태도 등이라고 한다. 그리고 이것은 말하는 모습을 통해 드러난다.

한 사람당 소요되는 면접시간은 평균 3~20분 사이이다. 짧으면 3분 이내에 '나는 누구이고, 어떤 사람인가'를 보여줘야 한다. 내면을 들여다보기에는 너무 짧은 시간이다. 그러므로 좋은 기억을 남기기 위한 최선의 노력을 기울일 필요가 있다. 자연스럽게 눈과 귀를 사로잡는 '퍼포먼스 토킹' 기술은 이런 점에서 강력한 무기가 될 수 있다.

● performance talking ──────────

위의 이야기는 비단 면접만이 아니라, 일상의 모든 만남에 적용된다. 앞서, 자신과 공감이 가능한 친한 친구는 많아 봤자 30명에 불과하다고 하였다. 그 30명 외의 모든 사람들은 당신을 3~5분의 대화, 짧게는 3초의 첫인상으로 판단한다. 이것이 말의 위력이자 무서운 점이다. 말을 잘하기 위해서는 그것이 짧은 시간 내에 타인에게 '나'라는 사람을 총체적으로 인식시키는 수단임을 잊어서는 안 된다. 내용이나 전달력에만 집중할 것이 아니라, 인간관계와 커리어에 작용한다는 관점에서 보다 종합적으로 말하기를 훈련할 필요가 있다.

# 옷을 차려입듯
# 말하기를
# 준비하라

길을 걷다 보면 쇼윈도에 비친 자신의 모습을 보게 될 때가 있다. 잘 차려입은 날은 표정이나 자세가 당당하다. 반대로 자다가 막 나온 듯 부스스한 모습이 비치면 왠지 어깨가 움추러들고 표정도 생기가 없어 보인다.

쇼윈도에 비친 당신의 모습이 진짜 당신 자신을 드러내 주는 것은 아니다. 그러나 지나가다 마주친 사람들, 혹은 그날 처음 본 사람이거나 친하지 않은 사람에게 당신은 '그런 모습'의 사람이다. 그것이 남들에게 비치는 당신의 모습인 것이다.

인상도 마찬가지이다. 사람에 대한 인상은 만난 지 단 3초 만에 결정된다. 사람들은 당신의 본모습을 모르는 채 짧은 대화 속 목소리, 말투, 자세와 표정 등으로 당신을 판단한다. 그리고 그것이 당신의 인상이 된다.

때로는 이런 단편적인 인상이 평판에 영향을 미치고, 뜻밖의 인연으로 이어지기도 한다.

필자가 어떤 강의를 들으러 갔을 때의 일이다. 쉬는 시간에 옆자리에 앉은 사람과 짧은 대화를 하게 되었다. 어디서 왔는지, 어떻게 오게 되었는지 등에 관하여 이야기 나누던 중 평소 내가 관심을 가지고 있던 직종에서 일하는 분이라는 걸 알게 되었다. 마침 잘 되었다 싶어서 궁금하던 내용을 물어보았더니, 그 후로도 쉬는 시간마다 내게 필요한 정보와 조언을 주었다.

처음 만나는 사이였지만 그 같은 배려가 고마웠고, 또한 자신의 직업에 자부심을 가지고 이야기하는 모습에서 신뢰감을 느꼈다. 그분의 이야기를 듣고선 평소 가지고 있던 생각에 변화가 생기기까지 했다. 이후 그분의 수업을 일부러 찾아 수강하면서, 첫날의 인상이 틀리지 않았음을 확인하였다.

쉬는 시간에 짬짬이 이야기를 나눴다고는 하지만, 그날 필자가 그분과 대화한 시간은 길어봤자 20여 분이 다였다. 그처럼 짧은 시간 동안 필자는 그분에 대한 호감을 느꼈고, 신뢰가 싹텄으며, 급기야는 설득당하기까지 했다.

짧은 대화라고 해서 절대 얕볼 것이 아니다. 단 몇 분, 아니면 몇십 분의 대화를 통해 만들어지는 인상의 힘은 생각보다 강하다.


이처럼 말하기는 자신을 어필하는 강력한 수단이며, 자신이 어떤 사람인지를 보일 수 있는 즉각적인 창구이다. 외출할 때 남에게 어떻게 보일 지를 생각하며 자신의 옷차림을 점검하고 차려입듯, 말할 때에도 타인에게 보이는 모습을 고려할 필요가 있다.

## 자신의 말하는 모습을 본 적이 있는가?

대부분의 사람이 평소 자신이 어떻게 말하는지를 알지 못한다. 예를 들면, 본인은 겸손하게 말한다고 생각하는데 그것이 지나쳐 주눅 들어 보이는 경우가 있다. 말하다 보면 자기도 모르게 자꾸 팔짱을 끼는 습관이 나와 건방지다는 오해를 사는 사람들도 있다. 유독 한 가지 연결어를 반복적으로 사용한다는 사실을 발견하기도 한다. 목소리는 더 말할 것도 없다. 녹음된 자신의 목소리를 듣고 마치 모르는 사람의 것인 듯 생소해하는 사람이 태반이다.

이처럼 타인과 대화하거나 혹은 발표하는 장면을 찍어서 보면 평소 생각하던 것과는 다른 말하기를 하고 있다는 걸 인지하게 될 것이다.

여유 있는 태도, 적당히 리듬감이 느껴지는 듣기 좋은 톤의 목소리, 배려와 진솔함이 담긴 말투 등은 외모로 비유하자면 깔끔한 차림새, 잘 다듬은 헤어스타일, 자연스러운 걸음걸이 등과 같다. 다시 말해, 말로써 당신을 보여주는 요소인 것이다. 대부분의 사람들은 외모는 관리하면서도 자신의 말하는 모습은 신경 쓰지 않는다. 실제 사회생활에서는 외모보다 말이 더 중요한 역할을 하는 데도 말이다.

특히 면접을 준비하거나, 사람을 많이 만나는 일을 한다면 꼭 한 번은 자신의 모습을 영상으로 점검해 보라고 조언하고 싶다. 영상으로 보면 평소에는 보이지 않던 자신의 나쁜 습관이 보인다. 필자 또한 수강생들을 지도할 때 이러한 방법을 사용하고 있다. 자신이 어떤 습관을 가지고 있으며, 무엇은 좋아 보이고 무엇은 안 좋게 보이는지를 눈으로 확인하면 단점을 빠르게 고칠 수 있다.

목소리 톤이나 말투, 화법에 따라 상대가 느끼는 이미지는 달라진다. 이 점에 신경 쓰면서 자신의 어떤 지점을 고치면 더 좋은 이미지로 보일 수 있을지, 어떻게 하면 전달력이 더 좋아질 것이며, 상대로 하여금 내 말에 귀 기울이게 할 수 있을지 등을 고려하여 자신을 분석해 보자.

말은 자신을 어필하는 강력한 수단이며, 자신이 어떤 사람인지를 보일 수 있는 창구이다. 그런 의미에서 내가 남에게 어떻게 보이는 사람인지를 점검하는 과정이 필요하다. 자기 자신의 모습을 모니터링해 볼 것을 추천한다. 모니터링하라고 하면 너무나 어색하고 부끄러워서 자신의 모습을 잘 보지 못하는 사람도 있는데, 마음을 터놓을 수 있는 가까운 사람에게 부탁하여 영상을 바탕으로 함께 분석해 보는 것도 좋다. 이때는 평상시의 인상에 대한 비평이 아니라, 어디까지나 해당 영상을 바탕으로 한 객관적인 분석을 부탁하자. 본인 또한 상대의 말을 비판이 아니라 조언으로 받아들이는 마음 자세가 필요하겠다.

# 자신감을
# 연출하라,
# 말에 힘이 생긴다

'행복해서 웃는 것이 아니라, 웃어서 행복해지는 것이다'라는 유명한 말이 있다. 억지로라도 웃다 보면 실제로 마음속에서 행복감과 즐거움이 느껴진다는 것이다. 필자는 자신감 또한 마찬가지라고 생각한다.

자꾸 자신감 있는 모습을 연출하다 보면, 자신감이 생긴다. 말을 하다 보면 나도 모르게 위축되고 주눅 들며 다른 사람의 눈치를 보게 될 수 있다. 그럴 때 '나는 당당하고 자신감 넘치는 사람이다'라는 자기 주문을 외우는 것부터가 시작이다. 아직 늦지 않았다. 자세를 곧고 바르게 고치고, 목소리를 가다듬어라. 모든 것은 마음먹기에 달려 있다.

가장 나쁜 것은 '난 원래 못해', '창피해, 어떡하지' 같은 생각을 가지는 것이다. 그리고 다른 사람이 당당한 태도로 말하는 것을 부러워하며 '난 절대 저렇게 못할 거야'라고 생각하는 것이다. 아무리 말하기를 연습하고 머릿속으로 할 말을 백번 정리한들 그러한 생각을 가지고 있으면 똑 부러지는 말이 나올 수 없다. 제아무리 조리 있고 야무진 내용이라 해도, 말하는 목소리에 강단이 없고 말하는 모습이 어리바리하면 쉽게 무시당한다. 말에 영향력이 생길 수가 없다.


당당하게 말하기 위해서는 내면의 자신감을 찾아야 한다. 그러나 내면부터 시작하는 자신감 찾기 프로젝트는 십중팔구 실패로 돌아간다. 너무나 막연하기 때문이다. 더군다나 자신감은 심리적 문제이다. 이를 파고 들어가다 보면 이야기가 너무나 길어지고 어려워진다. 변화의 속도도 더디다.

우리에게 필요한 것은 똑 부러지게 말하기 위한 자신감이다. 근원적인 심리 문제는 제쳐두고, 일단 여기에 집중해 보자. 필자가 제시하는 해결책은 '거꾸로 접근하기'이다. 즉, 내면에서 외면으로가 아니라, 외면에서 내면으로 접근하는 방식이다.

행복해서 웃는 게 아니라 웃어서 행복해진다는 말처럼 우선 자신감 있는 모습을 연습하고 연출해보자.

TV에 나오는 성공한 사람들의 여유만만한 인터뷰 태도가 부러운가? 그들에게는 공통점이 있다. 어깨를 쫙 펴고, 상대를 바라보며, 제스처가 자연스럽다는 것이다. 표정 또한 자연스럽다. 입을 크게 벌려 발음을 정확하게 하고, 목소리에 힘이 실려 있으며 말끝을 흐리지 않는다. 이러한 모습을 본뜨고, 수시로 거울 앞에서 연습하자.

## 적극적인 성격이 아니라도 괜찮다

"당차게 말하고 똑 부러지는 사람으로 보이고 싶지만 성격

자체가 소심해서 안 돼요. 저도 모르게 상대의 눈을 피하게 되고 목소리가 자꾸 작아져요."

당신도 혹시 위와 같은 고민을 가지고 있는가? 퍼포먼스 토킹 훈련을 통해 이러한 성격적인 요인을 극복할 수 있다. 무대를 연출하듯, 말하는 자신의 모습을 연출하면 되는 것이다. 여기서 잠깐, '연출'이라는 말에 혹여라도 거부감을 가질 필요는 없다.

사회생활을 하는 여성 중 완전한 민낯으로 외부를 돌아다니는 사람은 드물 것이다. 특히 직장에 가거나 업무와 관련된 사람을 만날 때는 더욱 그렇다. 어떤 화장을 하고 어떤 옷을 입느냐는 모두 '자신을 어떻게 연출하느냐'의 문제이다. 말하기도 이와 같은 연장선상에서 생각할 수 있다. 직장상사나 동료, 거래처 직원, 면접관 등에게 말할 때의 모습을 준비하는 것 또한 자기 연출, 즉 이미지 메이킹의 일환이다.

이미지 메이킹이라고 말하면 어렵게 느껴지지만, 쉽게 생각하면 된다. 일단은 복장부터 신경 쓰자. 요리사 복장을 하고 있으면 유니폼을 보는 것만으로도 어떤 일을 하는 사람인지 알 수 있다. 복장에서 보이는 이미지처럼 나는 어떻게 보이면 좋을까를 생각해 그에 맞춰 이미지 메이킹을 해보자. 상대에게 보일 자신의 이미지를 구상하고, 그 자리의 목적이나 상대와의 관계 등을 고려해 준비하면 어려울 것이 없다.

오디션이나 대회를 앞두고 있는 수강생들이 참 많다. 나도 어릴 적 가수를 꿈꾸며 열심히 준비했던 기억이 있다. 노래를 준비하고 카메라 테스트 수업이 있던 날이었다. 카메라 앞에 서자 모니터에 내 모습이 크게 비쳤다. 눈은 이리저리 굴리고 있고 손은 둘 곳을 못 찾고 있었다. 복장은 부를 곡과 어울리지 않는 편안한 차림이었다. 카메라에 비치는 모습을 미처 생각하지 못했던 것이다. 그 경험을 통해 보이는 모습까지 생각해야 한다는 것을 깨달았다.

물론 오디션에서 노래를 굉장히 잘한다면, 어떤 복장이든 합격할 확률이 높다. 이미지 메이킹은 기획사에서 적절히 해줄 것이다. 그러나 비슷한 실력이라면 더 제대로 준비한 사람, 조금 더 끼가 많아 보이는 사람에게 영광이 돌아가지 않을까? 나는 수강생들에게 이렇게 말한다.

"다른 사람들과 조금이라도 다른 모습으로 어필하는 것이 좋다. 내용만 신경 쓰지 말고 보여지는 면도 함께 신경 써라."

같은 콘텐츠여도 어떻게 표현하는가에 따라 다른 점수를 받을 수 있다. 내가 표현해야 할 주된 내용에 맞춰 모습을 갖추면 콘텐츠를 더 돋보이게 할 수 있다. 예를 들어, 수십 명이 모이는 강의를 나간다면 후줄근한 모습이 아닌 연사답게 갖춘 복장을 입어야 할 것이다.

## 몸짓과 표정까지, 모든 비주얼 요소를 준비하라

나아가 상황에 어울리는 복장과 함께 말할 때의 제스처와 몸짓, 표정까지 준비해 본다.

스티브 잡스의 프레젠테이션 모습을 떠올려 보라. 그는 관중 앞에서 선보일 제스처와 대사, 심지어는 의상검정 터틀넥과 말의 리듬감어디서 끊고 어디에 악센트를 줄 것인가까지 완벽하게 준비함으로써 완성도 높은 무대를 선보였다. 그 덕분에 스티브 잡스 본인은 물론, 애플이라는 브랜드의 명성과 가치 또한 올라갔다. 많은 이들이 스티브 잡스를 프레젠테이션의 달인이라 말한다. 스티브 잡스의 연출법은 일상생활의 말하기에서도 활용할 수 있다.

상대에게 보이는 나의 모습, 즉 비주얼적인 요소를 연출하는 것부터 시작해보자. 많은 이들이 말하기를 잘하는 방법으로 무슨 말을 할지 정돈하는 법을 알려준다. 물론 말의 내용도 중요하지만, 그보다 간과해서는 안 될 것이 있다. 상대는 말의 내용을 듣는 것과 동시에 말하는 나의 모습을 보고 있다는 것이다물론 전화통화는 제외다.

내가 내 모습에 자신이 있으면 태도가 당당해지고, 목소리와 말투에 힘이 실리기 마련이다. 내가 지금 내 모습에 자신감이 있느냐 없느냐는 상대의 눈에 금방 띈다. 사람들은 생각보다 그런 것을 쉽게 알아차린다. 그러므로 무방비 상태로 있지 말자.

당당함을 연출하자. 무대에 오르는 스티브 잡스처럼, 당신도 '나만의 무대'를 연출할 수 있다.

평소 자신감이 없는 사람이라고 해서 너무 걱정하지 말자. 당당하고 똑 부러져 보이기 위해 내적인 자신감, 진정한 자신감을 찾을 때까지 기다릴 필요는 없다. 일상이 나의 무대라고 생각하고, 무대 위에서 자신감 있는 모습을 연기하라. 당당함을 연출하라.

자신감을 연출하는 첫 번째 방법은 바로 보이는 이미지를 관리하는 것이다. 복장부터 시작해 비주얼적인 요소들을 신경 써 보자. 남에게 보이는 모습에 자신감이 생기면, 말하는 태도도 조금 더 당당해질 수 있다.

# 일상이란 무대에도
# 리허설이
# 필요하다

자신감 있는 모습을 연출하는 또 한 가지 좋은 방법은 철저한 준비이다. 대학 시절 공연을 준비할 대면 무대에 올라가기 직전까지 연습을 반복했었다. 노래만 연습한 것이 아니다. 동작과 표정, 제스처까지 숙지하고 동선에 맞춰 리허설을 거듭했다. 세세한 부분까지 시간을 들여 연습한 덕분에 본 공연은 여유로운 모습으로 잘 마무리할 수 있었다.

강연이나 프레젠테이션 등의 스피치를 준비하고 있다면 이처럼 몸짓과 손짓, 동선 하나하나를 모두 준비하는 것이 좋다. 무대 위에서 보여주는 가수들의 동작은 제스처까지도 모두 기획된 것이다. 스피치를 할 때도 이 같은 준비가 필요하다. 가수들이 본 무대 전에 리허설을 하듯 꼼꼼하게 동선과 제스처, 의상 연출에 신경 쓰자.

이 같은 준비는 일상 대화에서도 충분히 가능하다. 익숙한 장소에서 이뤄지는 대화라면 충분히 동선을 머릿속에 그릴 수 있다. 상사의 사무실, 미팅룸, 회의실 등에 들어가서 자리에 앉는 모습을 그려보고 어떤 모습을 보여줄지 기획한다. 예를 들어 상대에게 무언가를 요구하는 상황이라면, 만나서 어떻게 인사를 하고 무슨 말부터 꺼낼 것인지, 바르게 앉아 정중한 태도로 이야기할 것인지 혹은 의자 등받이에 몸을 살짝 기대고 비교적 편안한 모습으로 말할 것인지 등을 구상한다. 요구사항을 전달할 때는 어떤 표정을 지을 것이며 상대로부터 거절의 말을 들었을 때는 또 어떤 표정과 제스처를 보여줄지 하나하나 그려볼 수 있다.

당황하거나 말문이 막혔을 때 얼버무리지 않고 말하기 위한 대사를 한두 가지쯤 연습해 놓는 것도 좋다. 패닉에 빠지지 않고, 내가 할 말을 생각하기 위한 일종의 브릿지 역할을 할 대사를 미리 준비해 두는 것이다.

예를 들어 갑자기 공격을 받았을 때를 대비해 "○○ 씨 입장에서는 그렇게 생각할 수도 있군요, 말씀해 주셔서 감사해요. 잠시, 그 부분에 대해 저도 5초만 생각해 볼게요"라고 미리 대사를 준비해 놓는 식이다. 간단하게 "미처 생각하지 못한 부분인데 저도 잠시 생각 좀 해보겠습니다"라고 말할 수도 있다. 불쾌한 일을 당했을 때를 대비해서는 "방금 뭐라고 하셨는지 다시 한번 말씀해 주실래요? 제가 잘못 들은 것 같아서요" 같은 말을 한 가지쯤 연습해 놓는다.

간단한 말들이지만 실제 상황에서는 잘 생각나지 않는다. 당황한 나머지 머뭇거리다가 할 말을 못하고 상황이 종료되거나, 상대방의 페이스에 말려들기 쉽다. 그럴 때를 대비하여 일상의 리허설을 해두는 것이다. 가능하다면 긴장이나 불안을 겉으로 드러내지 않기 위한 표정 연습도 함께 해둔다.

명심하자. 철저한 리허설이 좋은 퍼포먼스, 순발력 있는 연출로 이어진다. 중요한 자리를 앞두고 있을 때는 더더욱 그렇다.

● performance talking ─────────

일상생활에서 자신감과 여유로움을 연출해주는 '말 습관'을 만들어보자. 거울을 보고 상대의 눈을 바라보며 말하는 연습, 여유로운 미소를 짓는 연습을 하는 것이다. 말문이 막히거나 당황했더라도 겉으로 드러나지 않도록 나만의 제스처를 연습해 두는 것도 좋다. 이 모든 것이 일상이란 무대의 리허설이 된다.

# 여유로운 미소는
## 연습으로
## 만들 수 있다

첫인상에서 표정은 정말 중요하다. 웃고 있는 인상에 호감을 가지지 않을 사람은 없다. 밝은 미소를 가진 사람들은 친근한 이미지를 준다. 인상이 좋다는 말을 듣는 사람들은 십중팔구 '웃는 상'이다. 입만 웃는 것이 아니라 눈까지 함께 웃고 있어서 진심으로 미소 짓고 있다는 느낌을 준다.

이 같은 웃는 상도 연습으로 만들어질 수 있다. 우선은 얼굴 근육을 풀어보는 것부터 시작하자. 마음으로는 상대에 대한 좋은 인상과 의도를 가지고 대화를 나누는데, 얼굴 표정은 굳어 있는 사람들이 있다. 평상시 얼굴 근육을 많이 사용하지 않다 보니 어쩌다 웃는 표정을 지어도 어색하다. 본인도 불편함을 느껴서 곧 평상시의 무표정으로 돌아가 버린다.

보컬 트레이닝을 하다 보면 사람들의 표정과 얼굴 근육이 많이 굳어 있다는 걸 느끼곤 한다. 노래를 잘하기 위해서는 발음 연습을 해야 하는데, 입을 크게 벌리며 말하는 습관이 안 되어 있다 보니 우리말인데도 노래하면서 발음하기가 쉽지 않다. 수강생들 또한 "발음이 이렇게 안 되는 줄 몰랐어요. 왜 이렇게 제 얼굴이 굳어 있죠?"라고 말한다. 그러면서 비로소 자신이 평소 무표정하다는 사실을 깨닫는다.

웃는 상이 되기 위해서는 일단 얼굴 근육을 사용하는 데 익숙해져야 한다. 일상생활에서 아무 일이 없어도 웃는 표정을 지어보도록 하자. 내 얼굴이 비치는 곳이라면, 때와 장소를 가리지 않고 미소를 연습한다. 스마트폰 화면, 화장실 거울, 엘리베이터 안 거울 등 나 자신과 눈을 마주칠 때마다 입꼬리를 올리고 미소를 짓는 것이다. 이때 눈도 같이 움직이도록 신경 쓴다. 반달눈까지는 아니어도 입꼬리와 함께 눈이 자연스럽게 움직여야 한다. 회사원이라면 사무실 책상 위에 거울을 두고 수시로 연습하자.

특히 외모에 콤플렉스가 있는 사람이라면 미소를 연습하자. 웃는 상인 사람은 외모가 잘나고 못나고를 떠나 사람들의 호감을 산다. 웃는 상 또한 훈련을 통해 만들어질 수 있다. 어떻게 웃어야 할지 모르겠고, 미소 자체가 영 어색하게 느껴진다면 예쁘게 웃는 유명인의 사진을 구해 그 표정을 따라 하는 것도 방법이다.

연습을 거듭하다 보면 미소에 맞게 얼굴 근육이 세팅된다. 다른 사람 앞에서도 자연스럽게 미소 짓는 자신을 어느 날 발견하게 될 것이다.


## 미소를 훈련해야 하는 또 다른 이유

미소는 분위기를 부드럽게 만들고 함께하는 사람들의 기

분을 좋게 하는 한편, 때로는 상대를 압도하는 무기가 되기도 한다.

얼굴 표정에 미소가 장착되면, 단지 예쁘게 웃는 수준을 넘어서서 당당함과 자신감이 자연스럽게 드러나게 된다. 여유로운 미소를 지을 수 있게 되는 것이다. 공격이나 비판을 받는 상황, 또는 긴장감 있는 대화를 하는 상황에서도 미소를 잃지 않을 수 있다면 상대방과의 신경전에서 승점을 얻고 들어가는 셈이다.

● performance talking

토크쇼의 여왕으로 불렸던 오프라 윈프리. 그녀의 얼굴은 기본적으로 구김살 없이 웃는 인상, 타고난 웃는 상은 아니다. 실제로 오프라 윈프리의 유년기가 불행했다는 것은 널리 알려진 사실이다. 그녀의 얼굴을 보면 오늘날과 같은 미소를 짓기까지 오랜 기간 얼굴 근육이 미소와 웃음에 맞춰 훈련되었음을 알 수 있다. 오프라 윈프리 또한 지금처럼 우아하고 여유로운 미소를 짓기 위해 긴 시간 웃는 상을 연습하고 또 연구하였을 것이다.

"나는 원래 표정이 없어서…"라고 지레 포기하지 말자. 천하의 오프라 윈프리도 오랜 훈련을 통해 지금의 미소를 만들었다. 참고로, 표정과 성량, 목소리 톤, 리액션까지 오프라 윈프리는 퍼포먼스 토킹의 완벽한 모델이 될 만한 사람이다.

# 당신의 불안감을
## 내보이지
### 마라

제스처는 상대의 시선을 잡아끌어 집중력을 유지시킴으로써 전달력을 높이고 말에 힘을 실어준다. 상황과 내용에 맞춰 제스처를 적절하게 사용해 보도록 하자. 이를 위해서는 먼저 자신이 제스처를 잘 사용하고 있는지 돌아보아야 한다.

카페 등에서 친구와 대화할 때, 친구의 동의를 얻어 스마트폰으로 영상을 녹화해 보는 것이 도움이 된다. 다른 사람의 말을 들을 때 내가 어떤 제스처를 취하는지, 그리고 말할 때 내가 어떤 제스처를 하면서 이야기하는지 살펴보자.

사람들은 저마다 자신만의 제스처 습관을 가지고 있다. 손짓을 적절하게 사용하고 있다면 괜찮지만, 다른 사람이 말할 때 손가락으로 테이블을 두드리거나 말하면서 뒷목을 만지작거리거나 방향을 계속 고쳐 앉는 등 좋지 않은 습관을 가지고 있을지도 모른다. 여성들 중에는 머리카락을 계속 만지면서 말하는 버릇을 가진 사람들이 많은데 이 또한 좋지 않다. 필자는 긴 머리카락을 손가락으로 비비 꼬면서 말하는 사람을 보았는데, 분명 상대의 시선을 끌기는 하지만 좋은 느낌이 아니라 눈에 거슬리는 느낌이었다.

이처럼 말하는 내용과 상관없이 상대의 시선을 불편하게 만드는 제스처는 소통의 장애물이 된다. 상대방은 당신의 이야기에 귀 기울이기보다는 어느새 '아, 저 사람 저 행동 좀 그만 했으면. 신경 쓰여 죽겠네'라는 생각을 하고 있을지 모른다.

그런가 하면 남성들 중에는 부동 자세로 말하는 사람이 많다. 손짓을 사용하는 것이 어색해서 아예 양손을 꼭 맞잡고 무릎 위에 올려놓은 채로 말하는 사람도 있다. 몸은 고정하고 입만 움직이며 말하는 타입이다.

만약 가수가 부동 자세로 노래를 부른다면 어떻게 보일까? 모션을 취하며 부를 때보다 전달력이 확실히 떨어질 것이다. 또 부동 자세는 숨길 것이 많다는 느낌을 준다. 방어적인 사람이라는 분위기를 풍긴다. 팔짱을 낀 자세 또한 비슷하다. 자신을 드러내기 두렵거나 알리고 싶지 않은 것이 있어서 본능적으로 나오는 몸짓을 제어하는 듯 보인다.

한편 손톱을 뜯거나 목을 만지는 버릇, 손에 무언가를 쥐고 끊임없이 만지작 거리는 버릇은 '만만하게 봐도 좋다'는 신호나 마찬가지다. 지금 불안하고 스트레스받은 상태임을 상대방에게 대놓고 광고하는 것이다. 무심결에 주머니에 손을 넣고 이야기하는 사람도 적지 않다. 실제 의도는 그렇지 않더라도 건방지거나 상대를 무시하는 듯 보일 수 있다. 이처럼 나도 모르던 습관적 제스처로 인해 뜻밖에 안 좋은 인상을 남길 수도 있다.

## 제스처도 말의 일종이다

그렇다면 적절한 제스처는 어떤 것일까? 상대방의 이야기를 듣고 있는 상태라면 몸을 조금 앞으로 구부리는 것이 좋다. '당신의 이야기에 집중하고 있다'는 것을 몸으로 보여주는 것이다. 그리고 간간이 고개를 끄덕이며 호응한다. 리액션을 할 때는 상대의 말에 맞춰 엄지를 들며 "최고!" 표시를 하거나 "맞아!"라고 표현하는 등 손짓을 다양하게 사용해보자. 검지를 들어 가리키기보다는, 손을 펴서 바닥을 위로 하고 상대를 가리키는 것이 좋다. 잘 모르겠다는 반응을 할 때는 고개를 갸우뚱하거나 어깨를 들썩한다.

자신이 말을 할 때도 마찬가지다. 상대방을 향해 몸을 약간 기울이고 내용에 따라 적절한 제스처를 한다. 손만 사용해도 제스처는 풍성해진다. 크다 작다 등을 표현할 때 손을 사용해 묘사하는 것부터 시작해 보자. 손바닥을 세로로 세워 내리찍는 듯한 제스처를 취하면 단호함을 표현할 수 있다. 그런가 하면 엄지와 검지를 동그랗게 만드는 OK 사인, 자랑할 때 사용하기 좋은 V자, 손가락으로 만드는 하트 등 손가락만 사용해도 다양한 제스처가 가능하다. 이처럼 제스처를 잘 사용하면 내용을 강조하면서 상대방의 기억에 오래 남길 수 있다.

발표나 프레젠테이션을 준비하고 있다면 원고에 맞춰 제스처를 미리 준비해 놓는 것이 좋다. 제스처는 항상 말과 동시에 해야 함을 기억하자. 노래 부를 때 박자를 맞추는 것과 같다. 음악에 맞춰 박자를 맞추듯, 이야기에 맞춰 제스처를 취한다. 스피치에서의 제스처는 이왕 할 거라면 확실하게 하는 것이 중요하다.

앤드류 그로브는 "커뮤니케이션 능력은 얼마나 말을 잘 하느냐보다 얼마나 남을 잘 이해시키느냐에 의해 결정된다"라고 했다. 남을 이해시킬 수 있는 도구로 제스처만큼 좋은 것이 없다. 실제로 손을 사용하면 전달력이 2배 이상 높아진다고 한다. 말로만 할 때보다 상대의 집중도를 유지시킬 수 있으므로 더욱 뚜렷하게 기억시킬 수 있다. 밋밋한 인상이 아니라 활기차고 명쾌한 느낌을 남기게 될 것이다.

손은 말을 대신하는 역할을 한다. 가수들이 무대에서 노래하다 객석을 향해 마이크를 넘겨줄 때, 귀에 손을 가져다 대면서 마이크의 방향을 바꾸는 걸 자주 볼 수 있다. 말하지 않아도 관객들은 노래를 따라 부른다. 입으로 이야기한 것은 아니지만 동작으로 충분히 전달된 것이다.

이처럼 말이 아닌 동작으로 서로 의향을 알아차렸을 때 사람들은 서로 교감하고 있음을 느끼게 된다. 마음과 마음이 이어져 있다고 느끼는 것이다. 이 같은 소통의 효과는 이루 말할 수 없다.

● performance talking ────────

오늘부터라도 불필요한 습관적인 제스처를 빼고, 정확히 전달하고 싶은 부분에서 적절한 액션을 보여주도록 하자. 유명한 강사의 강연을 보거나 홈쇼핑 채널의 쇼핑호스트들을 참고하면 도움이 된다.

# 긴장이란 단어를
## 머릿속에서
### 지워버리는 법

필자는 무대 공포증을 갖고 있었다. 무대 위에만 서면 심장이 심하게 요동쳤다. 연습할 때는 잘되던 것도 실전에서는 충분히 실력 발휘가 되지 않았다. "연습할 때와는 달리 실전에서 지나치게 긴장한다"는 그 시절 가장 많이 들었던 말 중 하나였다.

돌이켜보면 '긴장하지 말아야지'라는 생각이 더 큰 긴장을 불러일으켰다. 잘해야겠다고 생각할수록 몸에 더욱 힘이 들어갔다. '떨지 말아야지'라는 생각에만 집중하다 보니 몸은 뻣뻣하고 표정은 굳어져 제대로 된 퍼포먼스가 나오지 않았다.

　중요한 자리를 앞두고는 누구나 긴장하기 마련이다. 그러나 '긴장하면 안 된다', '떨면 안 된다' 등의 생각은 오히려 더 큰 긴장과 불안감을 불러온다. 그러한 감정은 고스란히 겉으로 드러난다. 떨지 않으려고 온 몸에 힘을 주고 있는 모습이나, 딱딱하게 굳은 채 흡사 로봇 같이 부자연스러운 표정을 보면 누구라도 알아차리지 않을 수 없다. 상대방이 마음 좋은 사람이라면 그런 모습에 측은지심을 느끼겠지만, 반대로 당신을 얕잡아보거나 만만하고 쉬운 상대로 볼 수도 있다. 어느 쪽이든 당신이 원하는 바는 아니다.

　당신이 원하는 것은 자연스러우면서도 여유롭고 자신감 넘치는 모습을 보이는 것이다. 그러기 위해서는 긴장감과 이별해야 한다. 긴장을 떨쳐내는 가장 좋은 방법은, 그것에 대해 아예 생각하지 않는 것이다. 다른 데 집중함으로써 긴장의 속박으로부터 슬그머니 벗어날 수 있다.

## 긴장감과 이별하는 방법

어느 날, 필자의 지인으로부터 전화가 걸려왔다. 라디오 방송에서 노래를 부를 출연자를 급하게 찾고 있다는 것이었다. 출연 날짜는 그로부터 바로 이틀 뒤. 연습에 연습을 거듭하더라도 무대 위에만 서면 긴장하는 판국에 준비도 제대로 하지 못한 채 갑자기 출연하게 되었다. 당시는 무대 경험이 어느 정도 쌓인 후이긴 했으나, 그럼에도 선뜻 "할게요"라고 말한 것이 나 스스로도 놀라웠다. 필자로서는 큰 발전이었다.

방송 당일, 긴장된 마음으로 도착해 목을 풀었다. 방송은 일종의 노래 경연으로, 생방송으로 진행되었다. 그날의 결과가 좋아서 두 번째 출전으로 이어졌는데, 처음과는 달리 다른 출연자가 더 있었다. 주장원들이 모여 다시금 일등을 뽑는 날이었던 것이다. 다른 출연자들의 선곡표를 보니 난이도가 있는 곡들 일색이라 더욱 긴장이 되었다. 목을 풀며 인터뷰 대본에 내 다짐을 적었다. '나에게만 집중하자'라는 말이었다. 내가 해야 할 부분에만 집중한 덕에, 그날 일등이라는 좋은 결과를 얻을 수 있었다.

긴장된다고 생각하면 더욱 긴장하게 된다. 생각의 포커스를 바꿔보라. 지금 이 순간, 이 사람을 만나고 있는 이유가 무엇이며 하고자 하는 말은 무엇인지, 어떤 메시지를 준비해왔는지에 집중한다.

연습했던 제스처나 표정이 있다면 적절한 기회에 사용하도록 한다. 상대방의 말을 경청하면서, 상대가 하는 이야기와 그에 대한 리액션에 집중하는 것도 좋다. 중요한 것은 머릿속에서 긴장이나 불안, 당황 같은 부정적인 생각들을 지워버리는 것이다.

## 경험이 실력을 만든다

앞서 말하기에도 무대 매너가 필요하다고 했다. 무대 매너라고 해서 거창한 것이 아니다. 무대 매너는 어떻게 하면 청중과 호흡하며 편하게 즐길 수 있을까에 대한 생각에서부터 시작된다. 일상 대화로 치환해 보면, 어떻게 하면 상대방과 잘 교감하면서 보다 편안하고 즐겁게 대화를 이끌어갈 수 있을지 고민하는 것이 시작이다.

지금까지 거듭하여 준비의 필요성을 강조했다. 그러나 현실에서는 돌발상황이 생기기 마련이다. 준비해 간 말과 행동들이 무력해질 정도로 당황스러운 일이 발생할 수 있다. 그로 인해 실수하거나 횡설수설하게 되더라도 너무 실망하지 말자. 그러한 경험이 거듭될수록 대처 능력이 길러지고, 긴장감이나 불안감을 통제할 수 있게 될 것이다.

모르는 사람을 만나는 자리나 친분이 별로 없는 사람과의 만남을 유독 피하는 사람들이 있다. 물론 가까운 사람을 만나서 대화하는 것과는 비교도 안 되게 불편할 것이다. 그러나 사회생활을 하다 보면 어떠한 이유에서든 낯선 이와 대화해야 하고, 그들에게 나를 어필하거나 주장을 펼쳐야 한다. 그 같은 만남의 경험이 쌓일수록 자연스럽게 대화하게 되고,

준비해 간 말과 행동을 더욱 효과적으로 전달할 수 있다. 상대가 내 예상과 완전히 다른 반응을 보이더라도, 혹은 다른 돌발 변수가 생기더라도 능숙하게 대처할 수 있게 된다. 커뮤니케이션 또한 경험이 실력을 만드는 것이다.

　필자가 학창 시절, 처음으로 페이를 받고 공연을 했을 때의 일이다. 친구와 함께 듀엣으로 무대에 섰는데, 그때까지 무대에 섰던 것 중 가장 떨리는 경험이었다. 평소 긴장을 많이 하는 편이라 연습을 충분히 하고, 리허설도 여러 번 거쳤다. 그런데 본 무대에서 생각지도 못한 방식으로 마무리를 하게 되었다. 친구가 가사를 틀렸는데, 그 순간 내가 웃음이 터져버린 것이다. 웃음을 참으면서 노래하는 내 모습을 보고 친구도 그만 웃음이 터져버렸다. 공연의 끝은 청중과 함께 웃음으로 마무리되었지만, 지금 생각해도 얼굴이 화끈거리는 장면이다.

　좀 더 많은 무대 경험이 있었더라면 노래에 더 집중하며 웃음을 참거나, 연출된 것처럼 마무리할 수 있었을 것이다. 다양하고 많은 경험을 해보면 돌발상황도 물 흐르듯 자연스럽게 지나 보낼 수 있다.

수강생들과 이야기하다 보면 무대에 설 수 있는 기회를 손사래 치며 거절했다는 경우가 많다. 발언 기회가 주어졌는데 아무래도 자신이 없어 고사했다는 이야기도 종종 듣는다. 그럴 때마다 나는 경험을 많이 해봐야 한다고 조언한다.

말은 결국 실전이다. 머릿속으로 아무리 할 말을 준비해봤자 입 밖으로 제대로 나오지 못하면 소용이 없다. 머릿속으로 아무리 시뮬레이션을 했더라도, 실제 돌발상황에 대처하지 못하면 연습은 무용지물이 되고 만다. 실전에 강해지기 위해서는 결국 실전 경험을 많이 쌓아야만 한다.

모임이나 회의 등에서 말할 기회가 주어지면 잘하든 못하든 일단 그 기회를 잡아라. 설령 실수하면 어떤가? 이번 실수를 경험 삼아 다음번에 더 중요한 자리에서의 실수를 예방할 수 있으면 되는 것이다.

말하기를 두려워하고 어렵게 느끼는 가장 큰 이유는 낯선 사람들 앞이나 낯선 상황에서 긴장하게 되기 때문이다. 이는 누구라도 마찬가지다. 소위 말 잘하는 사람들도 잘 모르는 사람과 대화하거나, 많은 청중 앞에서 발표하려면 떨리고 불안해한다. 그럼에도 그들이 자신감 있게 말을 잘하는 듯 보이는 이유는, 긴장감을 밖으로 드러내지 않기 때문이다.

긴장감을 드러내지 않는 방법으로는 여러 가지가 있다. 앞서 소개한 미소 훈련을 통해 표정을 관리하거나, 긴장과 불안에 대처하는 나만의 습관을 만들어 놓는 것도 방법이다. 그러나 가장 좋은 것은 역시 긴장감 자체를 떨쳐버리는 것이다. 긴장감과 이별하는 가장 좋은 방법은 생각의 포커스를 바꾸는 것이다. 지금 이 순간 내가 해야 할 일에만 집중하자.

# 프로처럼
# 마이크를 사용하는 방법

스피치를 앞두고 있는 분들을 위해 무대 위에서 스피치를 할 때 유용한 팁을 한 가지 소개한다. 마이크를 잘 사용하는 방법이다.

프로는 마이크를 능수능란하게 사용한다. 가수들이 노래하는 영상을 보면 현란하게 마이크를 조절하는 걸 알 수 있다. 적당한 거리를 유지하며 자신의 목소리를 전달한다.

마이크를 처음 사용해보는 초보자들은 자신의 목소리가 어색하게 느껴져 마이크를 멀리 떨어뜨린 채 사용하는 경우가 많다. 필자가 자신감이 없던 시절 흔히 했던 실수이다. 목소리가 작은데 마이크마저 멀리 둔 채 사용하니 청중들에게 잘 들리지 않았다. 이와 관련해 많은 지적을 받았으나 잘 고쳐지지 않았다. 이후 내 목소리에 적응하면서 점차 나아졌다.

마이크는 너무 가깝거나 멀지 않아야 하는데, 이때는 자신의 목소리를 들으며 조절하는 것이 좋다. 가끔 노래방에서 잡듯이 마이크를 잡는 사람도 있는데, 앞서도 말했듯 자신의 모습을 영상으로 찍어보고 그런 습관이 있다면 고치는 편이 좋겠다.

마이크와 입과의 거리가 너무 가까워도 말하는 소리가 울려서 잘 전달되지 않고, 너무 멀면 마이크에 소리가 들어가지 않는다. 적당한 거리는 파열음 ㅋ, ㅌ, ㅍ의 튀는 소리를 막아주는 정도이다.

가장 좋은 방법은 자신의 목소리를 모니터링하며 적당한 거리를 찾는 것이다. 마이크를 들고 소리를 내보며 목소리가 작은 편이라면 살짝 가까이 대고, 목소리가 큰 편이라면 조금 멀리해주자.

마이크를 잡을 때는 헤드가 아닌 가운데 몸통 부분을 잡는다. 이때 몸에 긴장을 풀고 편안하게 잡도록 한다. 마이크에 대고 말할 때는 너무 아래로 내리지 않도록 주의한다.

# part 03

# 또렷하게 들리는 말의 비밀

당신이 말하면
귀를 기울이게 된다

# 목소리가
# 이미지를
# 만든다

◇
◇
◇
◇
◇
◇
◇
◇
◇

'은쟁반에 옥구슬 굴러가는 듯'한 목소리를 가진 데다 말투 또한 끝을 흐리거나 머뭇거림이 없이 명쾌한 사람과 이야기를 나눈다면 어떤 인상을 받을까? 반대로 목소리에 힘이 없는 데다 웅얼거리는 말투라면 어떨까?

십중팔구 전자는 똑 부러지는 인상을 줄 것이고 후자는 어쩐지 답답한 사람이라는 인상을 줄 것이다. 이처럼 목소리 톤과 말투 만으로도 인상은 달라질 수 있다. 사실은 후자가 훨씬 더 논리 정연하게 말했다고 해도, 대화의 상대는 전자로부터 '신뢰할 만한 사람', '일을 똑 부러지게 잘할 것 같은 사람'이라는 느낌을 받았을 가능성이 크다.

목소리와 말투는 외모와 태도만큼이나 이미지에 큰 영향을 준다. 전화 통화가 많이 필요한 직업일수록 더욱 그렇다.

흔히 얼굴을 보지 못한 상태에서 목소리만 듣고도 상대의 외모나 스타일을 짐작하곤 한다. 사실은 말도 안 되는 일이다. 목소리와 외모 사이에 대체 무슨 연관성이 있단 말인가. 그러나 목소리가 좋은 사람을 만나면 왠지 겉모습도 말쑥할 것 같이 생각된다. 당신도 이런 경험이 있을 것이다.

실제로 하버드대학교의 연구에 따르면, 사람들은 상대의 목소리와 말투를 통해 200가지 이상의 정보를 유추해낸다. 성별과 나이, 몸무게 등의 신체적 정보는 물론이고 심지어는 상대의 가치관과 인품 같은 성격적 정보까지 파악한다. 목소리 또한 사람의 인상을 구성하는 중요한 이미지 요소인 것이다.

## 누구나 좋은 목소리를 가질 수 있다

이런 이야기를 하면 대부분의 사람들은 걱정이 앞선다. 자신의 목소리에 자신감을 가지고 있는 사람은 드물다. 거의 대부분의 사람이 자신의 목소리를 좋아하지 않으며, 자신의 목소리가 타인에게 어떻게 들리는지에 관해 잘 알지 못한다. 필자의 수강생들 또한 녹음해서 모니터링하려 하면 쑥스러워하며 어쩔 줄 모르는 경우가 태반이다. 그러나 타고난 목소리가 좋지 않거나, 또는 흔하디 흔한 목소리라고 해서 걱정할 필요는 없다.

우리가 가지고 있는 많은 핸디캡이 노력에 따라 극복 가능하듯, 목소리 또한 마찬가지다. 관심을 가지고 배워나가다 보면 개선이 가능하다. 배워서 연습하고 내 것으로 만들면 된다. 단지 방법을 모를 뿐이다.

이번 장에서는 자신만의 매력적인 목소리 톤을 찾고 발성과 성량을 개선하는 방법을 소개할 것이다. 이를 통해 어쩐지 믿음이 가고 호감이 느껴지는 사람, 똑똑하고 당차 보이는 사람 등 보다 긍정적인 인상으로 변화할 수 있다.

강조하건대, 좋은 목소리를 타고나지 않아도 된다. 후천적으로 좋아질 방법은 얼마든지 있다. 마음만 있다면 말이다!

● performance talking ────────

실제 상대를 알지 못한 상황, 심지어는 얼굴 한 번 보지 않은 상태에서 전화 통화만으로도 사람들은 상대에 대한 많은 것을 유추하곤 한다. 이것은 인간의 본능이다. 거꾸로 생각하자면, 우리는 목소리만으로 상대에게 많은 정보를 제공하고 있는 셈이다. 이제 목소리로 어떤 정보를 줄 것인지, 어떤 인상을 줄 것인지에 대해 생각해보자. 비주얼 요소를 준비하여 원하는 이미지를 보여줄 수 있듯, 목소리를 관리하고 개선하여 같은 효과를 볼 수 있다.

# 내 목소리도
## 이 정도면
### 괜찮은데?!

매력적인 목소리로 사랑받는 연기자들을 보면, 목소리에 개성이 있고 울림이 풍부하다는 공통점을 찾을 수 있다. 이런 사람들은 자주 성대모사의 대상이 되곤 한다. 만약 당신이 유명 연예인이라면, 당신도 성대모사의 대상이 될 수 있을까? 당신의 목소리는 한 번에 감별할 만한, 개성 있고 아름다운 목소리인가? 지금 이 순간 대부분의 독자가 고개를 절레절레 젓고 있을 것이다.

대부분의 사람들은 자신의 목소리를 '흔한 목소리'라고 생각한다. 그러나 세상에 완전히 똑같은 목소리란 없다. 얼굴 생김새가 모두 다르듯, 목소리 또한 다르다. 닮은 목소리가 있을 수는 있어도 같은 목소리란 없는 것이다. 바꿔 말하자면, 어떤 목소리에서든 분명히 개성을 찾을 수 있다는 이야기이다.

목소리에 콤플렉스를 가지고 있거나, 자기 목소리를 좋아하지 않는 사람들도 많다. 필자도 한때 마찬가지여서, 내 목소리의 장점보다는 단점을 더 많이 생각했다. 아이 같은 목소리에 콧소리가 심한 것이 나로서는 항상 스트레스였다. 수강생들 또한 목소리가 너무 걸걸하다거나, 목소리 톤이 너무 높다는 등 싫어하는 부분에 집중하고 신경 쓰는 경우가 많다.

좋은 목소리, 매력적인 목소리로 개선하기 위한 첫걸음은 바로 여기서부터 시작된다. 내 목소리에 대한 마음가짐부터 개선해야 한다. 자신의 목소리를 사랑하는 마음이 밑바탕이 되어야 더 좋은 소리를 낼 수 있다. 목소리 개선이란 지금의 목소리를 더 듣기 좋은 목소리로 변화시키는 것이기 때문이다.

　단점보다는 장점을 찾아서 거기에 집중하자. 당신의 목소리는 당신이 생각하는 것보다 괜찮다. 스스로 만든 콤플렉스에서 벗어나서 '이만하면 밑바탕이 괜찮다'고 자신감을 가지는 것이 기본이다.


## 왜 자신감을 찾아야 하는가?


　자기 목소리에 자신이 없으면 소리 내는 것에도 자신이 없어진다. 소리가 시원하게 밖으로 나오지 않는다. 이렇게 되면 여러 방법으로 노력해도 변화를 느끼지 못할 가능성이 높다. '바꿔봤자 내 목소리'라는 생각을 가지고 있으니, 노력이 성과로 이어지지 못한다.

　자신의 목소리를 사랑하며 현재의 나를 인정하되, 앞으로 더욱 매력적이고 개성 있는 사람이 될 수 있다는 믿음을 가져야 한다. 목소리는 충분히 교정이 가능하다. 필자의 수강생들 중 많은 수가 자신이 원래 가지고 있던 목소리를 듣기 편안하면서 또렷한 목소리로 바꿨다. 목소리가 변화하자 다른 사람들로부터 더욱 인정받고, 인간관계가 달라졌다는 수강생들이 많다.

50대 초반의 여성 수강생이었던 G씨는 목소리가 힘이 없고, 답답하게 느껴졌다. 평소에 말에서도 힘이 느껴지지 않아 기운이 빠지는 듯한 목소리와 말투였다. 자신의 목소리에 자신이 없었으며 필자와의 면담에서는 이렇게 말했다.

"전 워낙 목소리가 낮고 작은 편이라 노래를 잘하지 못해요. 높은음은 낼 수가 없어요."

그러나 목소리의 울림을 주고 발성을 교정하자, 자신의 톤을 찾아 목소리 톤이 높아졌고, 맑은 목소리를 찾게 되었다. G씨 스스로도 놀랄 정도였다. 목소리 톤을 변화시키자 말투에도 힘이 실려서 주위 사람들에게 자신감 있어 보인다는 말을 많이 들었다고 한다. 오래 말하면 목이 아팠던 것도 나아져서 긴 시간 이야기해도 무리가 없어졌다. 말투와 목소리가 또렷해지며 말에 더욱 전달력이 생긴 것은 물론이다.

이 수강생이 변화할 수 있었던 것은 근본적으로 자기 목소리에 대한 믿음과 애정이 있었던 덕분이었다. G씨는 자신의 목소리를 오해하고 있었다. 낮고 힘이 없는 목소리라고 생각했던 것이다. 필자와의 면담에서 G씨는 자기 목소리의 단점을 인정하되, 지금 목소리를 더욱 듣기 좋게 개선할 수 있으리란 점에 수긍하고 이후에는 열정을 가지고 수업에 임해주었다. 덕분에 더 쉽고 빠르게 변화할 수 있었다.

자신의 목소리를 사랑하고 더 좋게 바뀔 수 있다고 믿는다면 당신도 충분히 G씨와 같은 효과를 볼 수 있다. 평소 자신의 목소리가 마음에 들지 않았자면, 적어도 '이 정도면 내 목소리도 나쁘지 않은데?'라고 여기는 정도까지 생각을 바꿔보자. 그리고 자신의 목소리에 숨어 있던 매력을 찾으면, 주변 사람들이 당신을 보는 눈부터가 달라질 것이다.

## 모든 목소리에는 나름의 매력이 존재한다

내가 생각하기에는 별 매력이 없는 목소리라도, 다른 사람에게는 충분히 매력적일 수 있다. 그렇다고 해서 인위적으로 목소리를 꾸며서 말할 필요는 없다. 가수들이 노래하는 모습을 보면 자신의 목소리로 노래할 때 감정이 자연스럽고 더욱 깊이 있게 표현되는 것을 알 수 있다.

마찬가지로 말도 내가 가진 원래 목소리로 할 때 감정과 진정성이 전달된다. 자신의 목소리로 상황에 몰입하여 연기하듯 말하고, 상대에게 이야기하듯이 말하면 더욱 풍성하게 표현할 수 있다. 전달력은 물론이고 대화의 재미와 만족도 또한 높아질 것이다.

나의 목소리에는 특별함이 담겨 있다고 생각하자. 당신은 누구와도 비교할 수 없는 좋은 목소리를 가지고 있다. 다만 그 잠재력을 제대로 개발하지 못했을 뿐, 좋은 목소리는 이미 당신 안에 있다. 이처럼 스스로 인정했을 때 듣기 좋은 목소리로의 변화가 가능하다.


  앞서도 말했지만 필자 또한 목소리에 콤플렉스를 가진 적
이 있었다. 약간 높은 목소리 톤 때문에 아기 같은 목소리라
는 평가를 자주 받아 속상하기도 했다. 당시만 해도 맑고 높
은 톤을 가진 가수가 드물었기 때문에 더욱 자신감이 없었
다. 오랜 기간 보컬 연습을 해왔지만, 노래 실력과 관계없이
목소리가 좋지 않아서 한계가 있으리란 생각도 했었다.

  그러던 중 오랜만의 나의 노래 실력을 점검해 보고 싶어서
인터넷에 음원을 올려 보았다. 나의 예상과는 달리 반응은
좋았다. 다른 사람들의 노래 음원에 비해 많은 댓글이 달렸
고, 조회수도 높았다. 사람들은 맑고 높은 톤의 목소리를 개
성적이라 칭찬해줬고, 대형 기획사에서 오디션 제의가 오기까
지 했다. 내가 콤플렉스라고 생각했던 부분이 남이 듣기에는
강점이 될 만한 개성이었던 것이다.

  당신도 마찬가지다. 단점에만 신경 쓰느라 남들은 다 아는
자신의 장점을 간과하고 있는 것은 아닐까?

## 자꾸 보면 정들듯, 자꾸 들으면 장점이 보인다

모두가 아는 사실이지만, 내가 듣는 내 목소리와 타인이 듣는 내 목소리는 상당히 다르다. 내가 내 목소리를 들을 때는 몸 안의 진동과 바깥 음파를 모두 듣게 되는데, 이때 진동은 중저음을 주로 전달하므로 중저음과 고음이 모두 어우러진 소리가 들리게 된다. 그러나 남에게는 그 소리가 들리지 않는다. 타인의 귀에는 공기 중의 음파로만 전달될 뿐이다. 그래서 내 생각보다 높은 톤의 목소리가 들리는 것이다. 자신의 목소리를 녹음해서 들으면 "이게 정말 내 목소리야?"라고 깜짝 놀라게 되는 것은 이 때문이다.

자신의 목소리를 싫어하게 되는 이유 중 하나는 남에게 들리는 내 목소리가 익숙하지 않아서다. 녹음해서 들으면 평소 내가 듣던 것보다 훨씬 새되고 딱딱한 목소리가 들리니, 생각과는 다른 목소리에 실망할 수밖에 없다.

그러나 두 번 세 번 반복해서 들으며 점차 익숙해지면 '내 목소리도 나쁘지 않은데?'라는 느낌이 든다. 사람도 자꾸 보면 볼수록 좋아지듯이, 목소리도 들을수록 정감이 간다. 남에게 들리는 내 목소리를 이상하다고만 생각할 것이 아니라 내 목소리를 좋아하기 위해 노력하자. 이것이 당신의 목소리를 더욱 매력적으로 개발하기 위한 첫걸음이다.

● performance talking ─────────

당장 자신감을 가지기는 어렵더라도 자기 목소리에 애정을 가지고 이야기하면 말하는 자세도 조금 더 편해진다. 인위적인 목소리로 이야기할 때보다 상대의 반응도 훨씬 더 호의적일 것이다.

# 좋은 목소리는
# 좋은 자세에서
# 시작된다

목소리를 개선하기 위하여 가장 먼저 해야 할 일은 무엇일까? 바로 자세를 고치는 것이다. 잘 지어진 건물은 흔들림 없이 탄탄하다. 기초공사에 신경을 썼기 때문이다. 올바른 자세는 좋은 목소리를 내는 기본 토대라고 할 수 있다.

목소리 개선이라고 하면 대부분의 사람들은 호흡이나 발음, 톤 같은 부분을 우선으로 생각한다. 모두 중요한 요소이지만, 첫 시작은 바른 자세임을 잊지 말자.

올바른 자세에서 좋은 호흡이 가능하고, 나아가 듣기 좋은 목소리로 바뀔 수 있다.

강의를 들을 때면 다리를 길게 뻗고 의자 깊숙이 비스듬히 기대앉는 수강생이 있었다. 이 사람처럼 유달리 비스듬한 자세는 아니더라도 많은 사람이 의자에 기대어 수업을 듣는다. 기대앉는 것은 좋은 소리를 내기 위한 자세가 아니다. 몸이 흐트러져 있기 때문에 호흡이 좋더라도 목에 무리를 줄 수 있다. 구부정하거나 뒤로 젖혀 기댄 자세에서는 소리가 편안하게 나오지 못하고 경직된다. 바른 자세로 숨이 제대로 올라올 수 있도록 해야 한다.

왜 아나운서들은 허리를 세우고 가슴을 펴며, 올바른 자세로 앉아서 이야기할까? 기상 캐스터의 서 있는 모습도 마찬가지다. 자세에 흐트러짐이 없다. 왜일까?

편안하고 제대로 전달되려면 목소리에 울림이 있어야 한다. 소리가 잘 울리도록 바른 자세로 소리의 길을 만들어 주는 것이다.

"그럼 차렷 자세로 이야기하면 되지 않나요?"

가끔 이렇게 물어보는 수강생도 있다. 그러나 우리가 생각하는 차렷 자세는 사실 바른 자세가 아니다. 손을 몸 양편에 붙이고 똑바로 선다고 해서 좋은 자세가 아니라는 것이다.

제대로 자세 교정을 받으면 어색하고, 어딘지 몸이 힘든 느낌마저 들 것이다. 필자가 그랬다. 첫 보컬 수업을 받을 때 가장 먼저 한 것이 기본 자세를 교정받는 것이었다. 거울 앞에 서서 내 모습을 봤는데 어깨는 움츠려있고 허리도 구부정하여 전체적으로 웅크린 모습이었다. 몸을 펴서 제대로 된 자세로 서 있자니 매우 힘들었다. 다리가 당기고, 허리도 아파서 생각보다 많이 불편했다.

여러분도 마찬가지일 것이다. 현대인의 99%가 잘못된 자세로 일상생활을 하고 있다. 특히 종일 앉아서 일하는 사람들은 의자에 기대앉은 채 모니터 쪽으로 상체를 구부리는 경우가 많다. 자신도 모르게 웅크린 모양으로 몸이 고정되어 있기 쉽다. 이대로 일어나서 차렷 자세를 취해봤자 잘못된 자세에 불과하다. 마치 스트레칭을 하는 기분으로, 다소 힘들더라도 자세를 교정하는 것이 중요하다.

일단 가슴을 쭉 펴고 양쪽 어깨를 뒤로 당긴다. 그 상태에서 어깨를 천천히 아래로 내린다. 그러면 가슴이 펴진 상태가 되어 공기를 많이 마실 수 있게 된다. 많은 양의 공기가 들어오므로 호흡 조절을 통해 목소리를 편안하게 낼 수 있다.

다시 한번 강조하건대, 당신이 편하게 느끼는 자세는 바른 자세가 아닐 가능성이 매우 높다. 제대로 된 자세에서 소리를 내야 제대로 된 내 목소리가 나온다. 자신의 목소리에 잠재되어 있는 매력도를 끌어내고 싶다면 자세 교정이 가장 기본이다. 아나운서 혹은 성악가가 된 것처럼, 어깨를 뒤로 당겨 가슴을 펼치고 이야기해 보자.

---

● performance talking ─────────

울림이 좋아지면 목소리에 힘이 생긴다. 공기가 순환할 수 있는 통로를 만들어 줘야 하기 때문에 자세는 매우 중요하다. 마치 스트레칭을 하는 듯한 기분으로, 약간 불편할 정도로 바른 자세를 취해 보자.

# 말을 하기 전에
## 스트레칭부터
## 해야 하는 이유

이번에는 일어선 상태에서 올바른 자세 잡는 법을 배워보자. 벽에 몸을 기댄 후 어깨너비로 양 발을 벌린다. 그리고 머리와 허리가 일자가 되도록 선다. 뒤꿈치와 종아리는 벽에 붙인다. 이때 배를 내밀지 않고 안으로 넣어주는 것이 중요하다. 이 자세를 유지하는 것만으로도 상당히 힘들게 느껴질 것이다.

그런데 여기서 한 가지 더 신경 써야 할 것이 있다. 바로 턱의 위치이다.

자세를 교정하면 대부분의 사람이 턱을 앞으로 내민 상태가 된다. 턱을 가슴 쪽으로 당긴다고 생각하자. 힘을 주어 당기는 것이 아니라, 살짝 내려주는 정도가 좋다. 그렇게 해야 목까지 올바른 일자 자세가 된다.

그다음에는 몸에서 긴장을 풀도록 한다. 어깨나 가슴에서 힘을 빼고 그 자세를 유지하면서, 고개를 좌우로 천천히 돌려주며 스트레칭한다. 이런 자세가 익숙해지도록 수시로 연습하자.

이 같은 자세 교정을 처음 배우면 긴장한 나머지 어깨나 가슴에 힘이 들어가게 된다. 그러면 목에도 힘이 들어가서 그 상태로 말하는 경우가 많다.


필자가 자세를 가르칠 때 항상 하는 말이 있다. 편하게 마인드 컨트롤을 하라는 것이다. 더 좋아지기 위해 하는 것이니 지나치게 긴장할 필요가 없다. 누가 혼내는 사람이 있는 것도 아니다. 나 자신을 더욱 발전시키고 좋은 방향으로 변화하기 위한 것이므로, 마음을 편하게 먹고 개선된 자신을 상상하면서 바른 자세를 연습하면 된다.

그럼에도 몸의 긴장이 쉽게 풀어지지 않을 수 있다. 이럴 때 역시 스트레칭이 도움이 된다. 수영장에 들어가기 전 준비 운동을 하는 것처럼 목소리를 내기 전에 스트레칭으로 긴장을 풀어준다. 올바른 자세를 연습하기 전에도 스트레칭으로 몸의 근육들부터 풀어주자.


## 말하기 전 가볍게 하는 목 근육 스트레칭

스트레칭은 잘 쓰지 않는 근육을 늘려주는 것이다. 목소리를 내기 전, 목 주변 근육을 스트레칭하는 것만으로도 도움이 된다. 여기서는 가볍게 사용할 만한 세 가지 스트레칭 법을 소개한다. 우리가 흔히 아는 스트레칭 방법이지만, 실생활에서 자주 사용하는 사람은 생각보다 드물다. 일상생활에서 간단히 스트레칭하고 몸을 펴서 바른 자세를 만드는 것만으로도 말할 때 목소리가 개선될 수 있다는 걸 염두에 두고 수시로 해보자.

첫째, 오른손을 머리 왼쪽에 가져다 댄다. 오른쪽 방향으로 살포시 당기고, 당긴 상태로 10초 정도 유지한다. 목의 오른쪽 근육이 뻐근한 것이 느껴지는가? 다시 반대 방향에서 당겨서 10초간 그 자세를 유지한다.

둘째, 양손에 깍지를 끼고 머리 뒤쪽으로 가져간다. 앞쪽으로 지그시 누르며 10초를 유지한다. 뒷목의 뻐근함이 느껴지는지 확인한다.

셋째, 양손 깍지를 끼며 엄지를 위로 치켜든다. 엄지를 턱 아래 부분에 대고 뒤로 고개를 젖혀준다. 목 앞쪽에 뻐근함이 느껴지는지 확인해 보자.

이렇게 스트레칭하고 나면 한결 가볍게 소리를 낼 수 있다. 필자도 수업하기 전 충분히 목을 풀고 스트레칭한 후 강의를 시작한다. 눈에 보이지 않기 때문에 기본을 간과하기 쉬우니, 바른 자세를 만드는 것부터 신경 써 보자. 대화를 많이 하는 직종이라면 목을 사용하기 전에 틈틈이 스트레칭하고 자세를 교정하는 것이 긴장을 풀고 좋은 목소리를 내는 데 도움이 된다.

좋은 자세는 목소리뿐 아니라 보이는 이미지에도 도움이 된다. 모델들이 올바른 자세로 워킹하는 모습을 보면 자신감과 당당함이 느껴진다. 모델이 아니라 해도, 자세를 고치면 몸 전체에서 풍기는 분위기가 달라진다. 자신도 모르게 어깨를 움츠리고 있던 모습에서 어깨와 가슴을 편 모습이 되니 더욱 당당해 보이고, 스트레칭을 통해 긴장을 푸니 한층 편안해 보인다.

# 어쩐지
# 신뢰가 가는
# 목소리 만드는 법

"선생님은 목소리가 편안하고 또렷하게 들려요."

"선생님은 목소리가 참 좋은 것 같아요. 어떻게 하면 목소리가 좋아질까요.?"

"말을 오래 하거나 노래하면 목에 무리가 많이 가요."

수강생들에게 많이 듣곤 하는 말이다. 호흡을 바꾸면 목소리는 달라질 수 있다. 뒤에서 말하겠지만, 복식호흡과 소리의 울림을 함께 사용하면 편안하고 안정감 있는 목소리로 변화된다.

복식호흡과 우리가 흔히 하는 흉식호흡의 차이는 무엇일까? 흉식호흡을 하면 가슴이 넓게 팽창되며 어깨가 위로 올라간다. 배는 상대적으로 안으로 들어간다. 호흡량이 적다. 복식호흡은 숨을 마실 때 가슴이 아닌 배가 앞으로 나온다. 호흡을 뱉을 때 배가 원래대로 돌아오게 된다. 흉식호흡보다는 숨을 깊게 마시게 되므로 많은 양을 호흡한다.

복식호흡이라고 해서 배로 호흡하는 것은 아니다. 숨은 폐를 통해 들어오고 나가지만, 가슴이 아니라 배가 움직이기에 쉽게 복식호흡이라고 하는 것이다.

수강생들에게 복식호흡했을 때의 느낌을 물어보면 반 정도는 배가 나오는 것 같다고 하고, 반 정도는 오히려 들어가는 것 같다고 대답한다. 배가 들어가는 느낌이라면 잘못 호흡하고 있는 것이다. 본인은 복식호흡이라고 생각하는데 실제로는 흉식호흡을 하고 있기에 배가 들어가는 느낌을 받게 된다.

쉽게 생각하자. 밥을 먹으면 배가 나오고, 화장실에 다녀오

면배출하면 배가 들어간다. 마찬가지로 숨을 들이마시면 배가 나오고, 숨을 내뱉으면배출하면 배가 들어가는 것이다. 자, 이제 크게 숨을 한 번 들이마셔 보자. 가슴이 팽창되며 어깨가 위로 올라가는가? 배는 어떻게 되는가? 자신이 숨을 어떤 방식으로 쉬고 있는지 점검하는 것이 중요하다. 자신을 잘 알고 있어야 교정할 수 있다.

자세를 고치고 복식호흡에 익숙해지는 것만으로도 목소리가 상당히 달라진다. 답답하던 목이 트이고 목소리에 울림이 생긴다. 또한 복식호흡은 신뢰감을 느낄 수있는 목소리의 기반이 된다.


## 수시로 연습하면 분명히 나아진다


많은 수강생이 복식호흡을 어려워한다. 지금까지 흉식호흡을 사용해 왔는데 갑자기 숨 쉬는 방식을 바꾸려니 어려운 것이다. 게다가 호흡이란 의식적으로 하는 것이 아니기에 교정하기가 더 어렵다.

그럼에도 불구하고 호흡 방식을 고쳐야 하는 이유는 무엇일까? 우리 속담에 '세 살 버릇이 여든까지 간다'는 말이 있다. 오래된 습관은 그만큼 고치기가 어렵다. 그러나 내일이라도 고쳐야 할 습관이라면 하루라도 빨리, 하루라도 젊을 때 고치는 것이 그나마 낫다. 물론 하루아침에 달라질 수는 없을 테지만, 연습하면 충분히 교정이 가능하다.

처음에는 굉장히 낯설고 어려울 것이다. 복식호흡을 내 것으로 만드는 방법은 단 한 가지다. 틈날 때마다 의식적으로 숨을 들이마시고 내쉬며 반복연습을 해야 한다.


필자는 복식호흡을 설명한 후 수강생들에게 한 주 동안 복식호흡을 연습해 오라는 숙제를 낸다. 한 주가 지나고 다시 수업시간에 만나면, 그 사이 복식호흡에 제법 익숙해진 수강생들이 있다. 처음에는 필자도 신기해서 어떻게 연습했느냐고 물었었다. 답은 한결같았다. 문자 그대로 '생각날 때마다 의식적으로 호흡했다'는 것이다. 중년의 어느 여성 수강생은 이렇게 대답했다.

"설거지를 하다 가도 연습하고, 걸레질을 하다가도 멈춰 서서 복식호흡을 연습했어요."

나 또한 복식호흡을 익힐 때 수없이 멈춰서 복식호흡을 하고 있는지 확인했었다.

호흡하기 전에는 기본적으로 바른 자세를 취해야 한다. 올바른 자세에서 호흡할 수 있도록 하자. 복식호흡을 할 때는 코로 깊게 숨을 들이마시고 입으로 천천히 내뱉는다. 입으로 숨을 마시면 성대가 마르게 되므로, 거꾸로 하지 않게 유의하자. 코로 맛있는 음식 냄새를 맡는다고 생각하며, 깊게 들이마신다.

자신이 평상시 복식호흡을 제대로 하고 있는지 점검하는 방법에는 세 가지가 있다.

첫째, 어깨너비로 다리를 벌려 안정된 자세로 선다. 그 상태에서 숨을 크게 쉬어 본다. 가슴에 손을 대고 숨 쉴 때 가슴이 올라가는지 확인한다. 가슴이 올라간 것이 느껴지면 다음 단계에서는 가슴이 올라오지 않아야 한다.

그런 다음 다리를 벌린 상태에서 그대로 90도로 몸을 구부린다. 한 손은 가슴에, 다른 한 손은 옆구리 뒤쪽 등에 가져다 댄다. 숨을 들이마시며 옆구리 뒤쪽 등이 움직이는지 확인한다. 잘 모르겠다면 다시 한번 호흡해 본다. 숨을 들이마셨을 때 옆구리 쪽이 불러온다면 복식호흡을 제대로 하고 있는 것이다.

둘째, 올바른 자세로 의자에 앉는다. 이때 허리를 펴서 등받이에 기대앉지 않도록 한다. 머리는 정면을 향한다. 앞의 방법과 마찬가지로, 옆구리 뒤쪽 등에 손을 가져다 댄다. 들이마실 때는 배에 집중하면서 풍선이 부풀어 오르는 것을 상상하며 호흡한다. 이때 가슴을 내밀지 않아야 한다. 올바른 자세를 유지하며 들이마시자. 배가 부풀어 오르는 것을 충분히 느껴야 하며, 너무 빠르게 숨 쉬지 않도록 주의한다.

셋째, 편안하게 누워서 두 무릎을 세운다. 배에 손을 올린 채로 호흡한다. 이 자세는 크게 호흡하는 데 도움이 된다. 배가 부풀어 오르는 것을 느껴보자.

이 같은 방법으로 복식호흡의 느낌을 찾았다면 호흡을 조절하는 연습도 같이해 본다. 숨을 충분히 들이마신 후 '스~'라는 소리를 내며 천천히 일정하게 숨을 내뱉는다. 이때 들쑥날쑥 내쉬거나 흔들리지 않는 것이 중요하다. 입 안에서 가느다란 실을 빼내는 느낌으로 천천히 길게 내쉬어 보자. 배는 긴장감을 유지한 채로 천천히 원래대로 돌아오게끔 한다.

이렇게 하면 들이마시고 내쉬는 복식호흡이 완성되었다. 평소에도 이 같은 복식호흡으로 숨 쉴 수 있도록 연습하자.

호흡은 관심을 가지고 꾸준히 훈련하면 충분히 바꿀 수 있다. 습관이 되어 있지 않으므로 낯설고 어색할 뿐이다. 게다가 필자의 경험상, 복식호흡은 1~2주만 열심히 하면 어느 정도 적응할 수 있다.

이 정도의 연습으로 안정감과 신뢰감이 느껴지는 목소리를 얻을 수 있다면, 충분히 노력할 만하지 않은가?

신뢰감이 느껴지는 목소리는 다시 말해 깊이감이 느껴지는 목소리이다. 이런 목소리는 우리가 흔히 하는 흉식호흡이 아니라, 복식호흡을 통해 나온다. 성악가들의 묵직한 목소리를 떠올려보면 쉬울 것이다. 성악가들의 목소리는 배에서 나온다. 전문 성악가처럼 깊은 소리를 낼 수는 없더라도, 일반인은 호흡을 바꾸는 것만으로 깊이감 있는 목소리를 얻을 수 있다. 얇은 목소리, 아이 같이 높은 목소리로 고민하고 있다면 특히 복식호흡을 통해 개선할 수 있다.

# 말을 많이 하면
# 목이 아픈
# 사람들을 위한 처방전

상담하다 보면 "목이 금세 쉬어요", "조금만 길게 말해도 목이 아파요", "대화가 길어지면 목소리가 갈라지고 입이 말라서 말이 잘 나오지 않아요"라며 고민을 토로하는 분을 많이 만난다. 이런 분들은 십중팔구 발성이 문제이다. 이번 장에서 발성을 배우고 나면 위와 같은 문제들은 상당히 해결될 것이다.

H씨는 이제 막 학원강사로 데뷔한 사회 초년생이었다. 학생들을 가르치는 일은 괜찮았는데 20분만 말을 해도 목이 쉬어버리는 것이 문제였다. 연신 목소리를 가다듬으며 말하자

니 학생들의 집중력도 떨어지고, 목소리가 잘 안 나오니 수업 내용도 제대로 전달되지 않아 고민이었다. 무엇보다도 본인 스스로가 목이 아파 너무나 힘들어했다. H씨는 수업을 듣고 한 달쯤 후 이렇게 말했다.

"발성을 배우고 나서 목이 편해졌어요. 이제는 혼자 40분 내내 말해도 목이 아프지 않아요."

그렇다면 H씨의 문제는 무엇이고, 어떻게 해서 문제를 해결할 수 있었던 걸까?

'발성'이란 말을 한 번쯤 들어본 적이 있을 것이다. 그러나 그게 무엇인지 정확히 아는 사람은 많지 않다. 발성이란 말 그대로 '소리를 내는 것'을 말한다.

목소리가 나오는 과정은 다음과 같다. 숨을 쉬면 폐에서 나오는 공기를 성대가 막는다. 이렇게 압축된 공기는 목의 성대를 진동시키면서 나오는데 이때 성대의 진동수에 따라 소리의 높낮이가 달라지게 된다. 성대의 진동수가 많으면 높은 소리가 나고, 성대의 진동수가 적으면 낮은 소리가 난다.

좋은 발성은 호흡을 올바르게 마시고 내쉼으로써 성대의 공명을 잘 이용하는 것이 기본이다. 방법은 다음과 같다.

복식호흡으로 들이마신 숨을 '스~' 하고 일정하게 조절하며 천천히 내뱉는다. 빠르게 숨을 내뱉으면 부푼 배가 빨리 원래 상태로 돌아오고, 천천히 숨을 내뱉으면 배도 천천히 원래 상태로 돌아온다. 이때 복부에 들어가는 힘을 긴장감이라고 표현하겠다. 복부의 긴장감을 유지하면서 숨을 천천히 내뱉도록 하자.

이어서 앞서 익힌 복식호흡을 계속하며 간단한 문장을 읽어본다. 근처에 있는 책을 아무거나 집어 들고 눈에 보이는 짧은 문장을 읽는다. 이때 산에서 "야호"하고 외치는 기분으로, 마치 멀리 있는 사람에게 말하듯 문장을 읽도록 한다. 익숙해지면 복식호흡을 하며 읽는 문장의 길이를 점차 늘려보자.

이것은 실제로 성우들이 발성 훈련에 사용하는 방법인데, 똑바로 선 상태에서 한쪽 다리를 들고 원고를 읽기도 한다.

배에 긴장감을 유지하기 위해서이다.

필자의 수강생 중 전화통화만으로도 목이 금세 지치고 아파와서 상담 업무를 제대로 보기 어렵다는 사람이 있었다. 그 역시 잘못된 발성으로 말을 하고 있었다. 그는 작고 탁한 데다 다소 갈라지는 음성을 가지고 있었는데, 목소리가 작다 보니 자신도 모르게 힘을 주며 말하는 습관을 가지고 있었다.

이처럼 제대로 발성하는 법을 몰라서 목에 과하게 힘을 준 채 말하는 경우가 많다. 또한 긴장하더라도 목에 힘이 들어가 발성이 제대로 되지 않는다. 앞서 말한 깊게 숨을 들이쉬고 마시는 복식호흡을 통해 소리를 만드는 것이 발성의 핵심이다.

위의 수강생은 발성 교정 후 목소리에 울림이 생겼고, 맑은 목소리 톤을 가지게 되었다. 오래 이야기해도 지치지 않을 뿐 아니라, 조금 더 크고 편안한 목소리로 말하다 보니 고객들로부터 평가도 좋아졌다고 한다.

● performance talking ─────

제대로 발성하면 목이 아픈 일이 현저히 줄어든다. 좋은 발성을 위해서는 앞서 소개했던 복식호흡을 기본으로, 공명을 이용해야 한다. 복식호흡을 할 때는 의식적으로 배에 긴장감을 유지하기 위해 노력해 보자. 또한 목소리가 작다고 해서 지나치게 힘을 주고 말하는 것은 금물이다. 성량을 키우는 방법에 관해서는 뒤에서 다시 설명하겠다.

# 또렷하게 들리는 말이
## 똑 부러지는
## 인상을 만든다

목소리가 청량하고 또렷하게 들리면 사람의 인상도 명쾌하고 시원시원해 보인다. 이런 이야기를 하면 '난 워낙에 성량이 작은데'라며 실망하는 사람들이 있다. 그러나 목소리 크기는 충분히 조절할 수 있다. 앞서 소개한 필자의 수강생처럼 목소리가 작고 탁하거나, 소리가 밖으로 나오지 않고 입 안에서 맴도는 스타일이라면 지금부터 이야기하는 발성법을 주목해 보자.

목소리를 크게 내기 위해 목에 힘을 주어 말할 필요는 없다. 소리의 크기는 공기의 압력에 따라 달라진다. 압력이 클수록 소리가 크게 나온다. 다시 말해, 공기의 압력으로 인해 성대가 얼마나 열리느냐에 따라 목소리 크기가 달라진다. 복식호흡으로 숨을 들이마시고, 입 안을 크게 넓혀서 소리를 내야 한다. 입 안이 넓어지면 소리가 울릴 수 있는 공간이 만들어져 그냥 말할 때보다 무리가 덜 간다.

목소리가 작은 사람들은 입 안의 공간을 제대로 활용하지 못하는 경우가 대다수다. 필자의 수강생 90%는 입을 크게 벌리지 않고 말하는 습관이 있었다. 입을 크게 벌리지 않아도 의사소통은 된다. 작은 목소리로 말해도 상대방이 알아듣기는 하니까 말이다. 하지만 입을 제대로 벌리지 않고 말하면 소리가 작아지는 건 물론이고, 발음이 부정확해지며 웅얼거리듯 말한다는 느낌을 주게 된다.


거울을 보며 입 안을 살펴보자.

'아~'하고 입을 벌려본다. 이때 혀가 어디에 위치하며, 입을 어느 정도 크게 벌리고 있는지 관찰하자. 그다음 아래턱에 힘이 들어가지 않을 정도로 입을 벌려본다. 보통은 자신의 생각보다 크게 벌리는 것이 맞다. 이때 혀는 아래쪽으로 내려준다. 입 안 공간을 확보하기 위해서이다. 입을 크게 벌리면 소리가 크게 울리는 동시에 맑은 울림을 낼 수 있다.

하품을 생각하면 쉽다. 하품하면 입 안이 자연스럽게 넓어진다. 입천장이 위쪽으로 올라가는 것을 느낄 수 있다. 이 상태에서 숨을 깊게 들이마시고 '아~' 소리를 내본다. 아까와는 다른 소리가 나는 걸 알 수 있을 것이다. 동굴에서 '아~' 소리를 내면 크게 울리듯이, 입 안 공간에서 소리가 울리며 또렷해진다.

그렇다면 입을 얼마나 크게 벌려야 할까? 이런 훈련을 하면 평소와 다름없는 크기로 입을 벌리고도 자신은 충분히 크게 벌렸다고 착각하는 사람이 종종 있다. 입을 크게 벌려본 경험이 없기 때문에 그 정도를 가늠하지 못하는 것이다. 그렇기에 객관적으로 자신의 입모양을 볼 수 있는 거울이 필요하다. 제대로 하고 있는 것인지 아닌지 거울을 봐도 잘 모르겠다면, 아래턱에 힘이 들어가지 않는 정도까지 크게 벌린 후 '아~' 소리를 낸다.

강의하다 보면 필자의 목소리가 청량하고, 발음이 또렷해서 알아듣기 쉽다고 하는 평가를 자주 받는다. 비결은 위에서 이야기했듯, 복식호흡으로 깊게 호흡하며 입 안쪽 공간을 넓혀 말소리를 공명 시키는 것이다. 공명하는 위치, 즉 울리는 위치에 따라서 소리는 달라진다.

## 허밍으로 울림을 연습하는 법

허밍으로 공명을 연습할 수 있다. 허밍은 힘을 주어 소리를 내는 것이 아니다. 몸에 긴장을 풀고 입을 벌려보자. 이 상태에서 입술만 닫는다. 입 안에 알파벳 C 모양의 공간이 만들어져야 한다. 코로 깊게 숨을 들이마셔서 배에 호흡을 둔 채 잠시 숨을 참았다가 '음~' 소리를 내보자. 입 주변의 울림이 느껴지는지 확인하며 집중해서 소리를 낸다. 울림이 확인되었으면, 그 상태 그대로 '이~' 소리를 내보자.

이는 울림에서 소리로 바꾸어 연습하는 방법이다.

이 상태 그대로 근처에 있는 책을 집어 들어 아무 문장이나 보이는 대로 읽어보자. 분수대에서 물을 쏘듯, 입천장을 향해 숨이 올라온다고 생각하면서 읽는 것이 좋다. 호흡을 배에 둔 채 울림을 신경 쓰며 읽어야 한다. 공명으로 인해 소리가 뚜렷하면서도 정확해진다.

목소리에 울림이 생기면 힘이 실리고, 자신감 있게 들린다. 더불어 깊이감 있는 느낌도 선사하여 좋은 인상을 만드는 데 도움이 된다.


필자 또한 이와 같은 훈련을 꾸준히 함으로써 목소리를 개선했다. 아이 같이 들리던 음성은 맑고 듣기 좋은 음성으로, 작고 자신감 없던 목소리는 성량이 아주 크지는 않지만 힘이 있고 잘 들리는 목소리로 바뀌었다. 이는 애정과 관심을 가지고 꾸준히 노력한 결과이다. 필자가 달라졌듯, 여러분의 목소리도 달라질 수 있다.

## 감각에 신경 쓰며 연습하면 변화의 속도가 빨라진다

나 자신의 경험과 수강생들의 변화를 종합해 보건대, 몸의 감각을 섬세하게 느끼는 사람일수록 빠르게 발전하는 경향을 보였다. 어떻게 소리를 낼 때 좋게 들렸는지, 몸의 감각을 기억해서 그것을 되살리며 연습하는 것이 중요하다. 운동을 할 때도 자세를 정확하게 잡고 몸의 감각을 기억해야 좋은 결과를 얻을 수 있는 것과 같다. 처음에는 물론 쉽지 않겠지만, 여러 차례 연습하다 보면 점차 감이 생겨나고 편한 소리를 찾을 수 있다.

편안하게 발성하고, 그것을 내 것으로 만들려면 일상생활에서 꾸준히 사용하려는 노력이 필요하다. 발성은 머리로 배우는 것이 아니라 몸으로 익히는 것이다. 실전에서 사용하다 보면 어느새 편하고 울림 있는 소리를 가지게 될 것이다. 목에 무리를 주지 않고 편하게 말할 수 있게 될뿐더러, 전에는 생각지도 못했던 "목소리가 참 좋으시네요"라는 말을 듣게 될 것이다.

● performance talking

목소리가 작아서 고민이라면, 입을 너무 작게 벌린 채 말하고 있을 가능성이 크다. 한 번도 입을 크게 벌려본 적이 없어서 자신이 그렇게 말하고 있는지조차 알아차리지 못하고 있을 것이다. 입을 크게 벌려 말하는 연습을 하자. 또한 복식호흡으로 깊게 호흡하며 입 안쪽 공간을 넓혀 말소리를 공명 시켜야 한다. 이를 위해서는 허밍으로 공명을 연습하는 것이 좋다.

# 아이 같은
# 목소리 때문에
# 고민이라면

◇
◇
◇
◇
◇
◇
◇
◇
◇
◇

D씨는 30대 후반의 남성으로 목소리 톤 때문에 심한 스트레스를 받고 있었다. 어느덧 중년에 가까운 남성인데도, 여성처럼 높고 가는 목소리를 가지고 있었기 때문이다. 같은 이야기를 해도 진중한 목소리를 가진 사람에 비해 발언에 힘이 덜 실리는 느낌이었고, 어쩌다 처음 만나는 사람이 자신의 목소리를 듣고서 "외모와는 딴판이시네요"라고 웃으면 비록 상대의 의도는 나쁘지 않았더라도 그렇게 자존심이 상할 수 없다고 했다.

소리를 관찰하니 D씨는 자신의 원래 톤보다 목소리 톤을 높게 내고 있었으며, 입을 크게 벌리지 않고 약간 웅얼거리듯 말하는 습관이 있었다.

목소리가 너무 낮거나 높아서 고민하는 사람이 많다. 근본적인 문제는 목소리가 높으냐 낮으냐가 아니다. 자신의 목소리를 파악하는 것이 우선이다. 그리고 내가 가진 목소리에서 편하게 낼 수 있는 톤을 찾아야 한다.

목소리 톤은 사람마다 모두 다르고, 자신에게 맞는 편안한 톤 또한 다르다. 남성인데 목소리 톤이 너무 높다거나, 여자인데 목소리 톤이 너무 낮은 경우는 지금부터 소개할 허밍 훈련으로 교정할 수 있다.

우선 자신의 목울대를 만져본다. 볼록하게 튀어나온 부분에 손을 대본다. 어느 부분인지 잘 모르겠다면, 고개를 뒤로 젖히고 목을 쓸어본다. 목울대를 찾았으면 다시 정면에 시선을 둔 채로, 목울대에 손을 대고 '음~' 소리를 내본다. 솔 정도 높이의 음을 낸다고 생각하고 3번 정도 소리를 내보자. 어떤가? 후두가 올라가는 것이 느껴질 것이다.

다음으로는 저음을 낸다고 생각하고 낮은음으로 '음~' 소리를 내본다. 이번에는 후두가 내려가는 것이 느껴질 것이다. 마지막으로 후두가 움직이지 않고 제자리에 있는 중간 정도의 음을 찾아서 소리를 내본다. 음의 높낮이를 조절하며 후두가 움직이지 않는 음을 찾아보자. 바로 그 정도가 내 목소리에 맞는 높이이다. 편안한 목소리 톤인 것이다. 바로 이 톤으로 앞서 소개한 발성 기법을 적용해 복식호흡으로 소리를 내보도록 하자.

D씨는 이와 같은 방법으로 자신의 목소리 톤을 찾았다. 그리고 공명을 이용하여 전보다 울림 있는 목소리를 낼 수 있었다. 목소리를 바꿀 수 없으리라 생각했던 D씨는 달라진 자신의 목소리를 확인하고는 감격한 나머지 말을 잇지 못하고 눈물을 흘렸다. 변화된 목소리는 시간이 지날수록 발성으로 고정되어, 자연스럽게 D씨의 목소리로 굳어졌다.

## 목소리가 이상한 게 아니다, 당신이 잘못 쓰고 있는 것일 뿐

'내 목소리는 원래 이래'라고 규정짓지 말자. 현재 당신의 목소리가 마음에 들지 않는다면, 당신은 자기 목소리에 숨어있는 잠재된 매력을 제대로 사용하지 못하고 있는 것이다. 그것은 훈련을 통해 충분히 발견되고 개발될 수 있다. 방법을 배우고 연습하기만 하면 된다. 자신에게 맞는 목소리 톤을 찾으면 말하는 사람의 목이 편해지고, 듣는 사람의 귀가 편안해지며, 둘 사이의 전달력이 높아진다. 소개한 방법으로 꾸준히 연습해 나가면 편안하게 들리는 나만의 목소리 톤을 찾을 수 있을 것이다.

한편, 여성들 중에는 아이 같은 목소리와 말투 때문에 고민하는 사람이 많다. 어른이 아이의 말투와 톤을 가지고 있다면 사회생활을 하는 데 어려움을 겪을 수 있다. 특히 전화로 업무를 봐야 하는 직업이라면 영향을 많이 받게 된다. 실력과는 무관하게 첫인상에서 점수가 깎이거나, 신뢰를 주기 어러울 수 있다.

이는 충분히 교정할 수 있는 문제이다. 우선, 소리를 낼 때 코 쪽에 울림이 있으면 어린애 같은 소리가 나온다. 그러므로 앞서 배운 입천장을 울리는 발성으로 교정해 보자.

보다 신뢰감을 주는 말투로 바꾸고 싶다면, 아나운서의 말을 듣고 따라 해 보는 것이 좋다. 아나운서들의 말투를 관찰하면, 문장의 끝 부분을 떨어지는 느낌으로 소리 내는 걸 알 수 있다. 반면 아이들은 모든 말이 항상 높은 톤에서 끝나며, 그 때문에 방방 떠 있다는 느낌을 준다. 말끝을 길게 늘이며 말하는 것도 아기 같은 말투로 느껴지는 이유이다.

똑같은 "네"를 어린아이와 아나운서가 각각 말한다고 상상해 보라. 아이는 높은음으로 "네~"하고 길게 늘이겠지만, 아나운서라면 끝음을 내리며 짧게 "네"하고 말할 것이다. 말끝을 짧게 끊으며, 끝음을 떨어뜨리며 정확하게 문장을 마무리하는 습관을 들여보자.

또한 정확한 표준어는 지적인 느낌을 준다. 발음을 교정하는 것도 중요한데, 이와 관련해서는 뒤에서 자세한 방법을 설명할 것이다.

단, 아나운서의 말투를 따라 하더라도 목소리까지 따라 하려고 해서는 안 된다. 말투는 흉내 내보되, 자신의 목소리로 말해야 함을 반드시 기억하자.

● performance talking

목소리에는 죄가 없다. 당신이 사용하는 방식이 잘못되었을 뿐이다. 자신의 목소리를 사랑하고, 내 목소리 안에서 편안한 톤, 듣기 좋은 톤을 찾도록 해보자. 너무 높은음을 내거나 낮은음을 내고 있는 사람들은 대부분 자신의 본래 톤에 맞지 않는 음성으로 말하고 있다. 본문에서 소개한 허밍 훈련을 통해 적절한 톤을 찾는 것이 개선의 기초가 된다.

# 당신의 말이
## 정확하게
### 들리지 않는 이유

"제가 말만 하면 사람들이 꼭 '네? 잘 못 들었어요'라고 되물어요."

당신도 이런 경험이 있는가? 누군가 내 말에 자꾸 "뭐라고? 잘 못 들었어"라며 반응하면 기분이 썩 유쾌하지 않다. 이 사람이 나를 무시하나, 놀리는 건가 하는 생각마저 든다. 그러나 듣는 사람 또한 난감하다. 정말로 무슨 말인지 못 알아들었는데 무작정 알아들은 척할 수도 없는 노릇 아닌가.

문제는 발음이다. 말하기 강의를 시작한 후부터 다른 사람들의 말 습관을 관찰하는 버릇이 생겼다. 그런데 뜻밖에도 많은 사람이 발음에 신경 쓰지 않고 있었다.

발음이 부정확하더라도 어떻게든 내용 전달은 된다. 그러나 같은 말을 여러 번 반복하다 보면 말하는 사람도, 듣는 사람도 약간 짜증스러워진다.

사람에 따라서는 그런 상황이 부담스러워서 알아들은 척 넘어갈 수도 있다. 이 경우에는 아예 전달이 제대로 되지 않는다. 나중에 가서 한 사람은 "어, 그때 내가 말했잖아. 기억 안 나?"라고 하고, 다른 한 사람은 "글쎄, 그런 얘기 들은 적이 없다니까"라는 상황이 생기기도 한다.


구강구조의 문제 등으로 평소 발음 지적을 많이 받아온 사람이라면 자신의 발음이 좋지 않다는 걸 인지할 것이다. 그러나 발음 같은 것에 신경 쓰지 않고 살아왔다면, 자신의 발음이 부정확하다는 사실 자체를 제대로 인지하지 못하고 있을 가능성이 크다.

자신이 어떻게 발음하고 있는지 궁금하다면 녹음해서 모니터링해 보자. 동의를 얻어 친구와의 대화 내용을 녹음하거나, 책을 한 페이지 정도 소리 내어 읽어보는 것도 좋다. 생각보다 자신의 발음이 좋지 않다는 사실을 발견할지도 모른다.


## 입을 크게 벌려야 정확한 발음이 가능해진다


발음이 좋지 않은 가장 흔한 이유는 입을 크게 벌리지 않기 때문이다. 혀와 입술, 얼굴 근육과 치아, 턱을 활용하지 않는 것이다. 실제로 주변 사람들을 관찰해 보면, 입술만 움직일 뿐 입을 크게 벌린다는 느낌이 들지 않는 경우가 흔할 것이다.

발음은 성격과도 관련이 있다. 소심하고 자신감이 없으면 입을 크게 벌리지 않게 된다. 목소리도 작아지고, 입을 크게 벌리지 않으므로 웅얼거리듯 말하게 된다.

한편 성격이 급하면 말이 빨라지고 발음과 관련된 기관을 제대로 사용하지 못해 발음이 부정확해진다. 평소 얼굴 근육을 자유롭게 사용할 수 있다면 모르겠지만, 그런 경우라도 급하게 말하면 발음이 꼬이게 마련이다.

필자의 수강생 가운데 멀리 파주에서부터 강의를 듣기 위해 온 분이 있었다. 두 시간이 넘는 거리를 찾아온 이유는 목소리에 대한 콤플렉스 때문이었다. 작아서 잘 들리지 않는 목소리를 교정하기 위해 많은 노력을 했으나 개선되지 않았다고 했다.

필자가 들어보니 목소리 톤이 좀 낮고 갈라지는 타입이긴 했지만, 정작 중요한 문제는 발음이었다. 성격이 급해서 말을 좀 빠르게 하는 편인 데다, 말이 빠르다 보니 발음이 부정확해서 잘 들리지 않았다. 말할 때 입도 작게 벌리는 편이었다. 여기에 목소리 톤까지 낮으니, 말이 입 안에서 웅얼거리듯 맴돌고 밖으로 나오지 못하는 것이었다.

목소리 톤은 앞서 소개한 발성 훈련으로 교정하였다. 말이 빨라지는 것을 방지하기 위해서는 쉬지 않고 말하는 습관을 버리는 연습부터 했다. 이처럼 말이 빠르고 발음이 정확하지 않는 타입이라면, 말하는 중간중간 적절하게 끊어서 쉬어가며 말해야 한다. 나아가 머릿속 생각보다 말이 앞서 나가지 않는 습관을 들이는 것이 중요하다.

● performance talking ─────────

사람들이 자꾸 당신이 한 말을 되물어온다면, 자신의 성량과 목소리톤, 말하는 속도 그리고 발음을 점검해 보자. 보통은 이 네 가지가 겹쳐서 문제를 발생시킨다. 특별한 경우가 아니라면 발음은 입을 크게 벌리고, 말하는 속도를 조절함으로써 어느 정도 개선될 수 있다.

# 듣기 싫어도
# 듣게 만드는
# 비결

배우 김남주 씨는 얼마 전 드라마 〈미스티〉에서 고혜란이란 캐릭터로 출현해 정확한 발음과 발성, 차분한 음색이 지적이고 섹시한 이미지를 만드는 데 큰 몫을 한다는 걸 보여줬다.

정확하고 또렷한 발음과 발성은 똑똑하고 똑 부러져 보이는 이미지에 일조한다. 발음이 좋으면 보다 효과적으로, 정확하게 의사를 전달할 수 있다. 발음과 발성이 좋은 사람들은 반드시 목소리에도 힘이 있으므로, 자연스럽게 자기 표현을 잘하는 사람이라는 평가를 받는다. 같은 내용을 말하더라도 작은 목소리에 부정확한 발음으로 말하는 경우와 그 결과가 천지차이다.

　지하철을 타고 이동하다 보면 그 안에서 물건을 파는 행상인들을 종종 만나게 된다. 그런데 어느 날 반나절 간격으로 만난 행상인 두 분의 모습이 영 딴판이라 인상에 남았다. 오전에 만난 분은 휴대용 전등을 판매하고 있었는데, 관심을 가지고 들으려 해도 무슨 이야기를 하는 건지 알아들을 수가 없었다. 목소리가 너무 작아서 말끝마다 '~니다'를 '~니돠'라고 발음하는 소리만 들렸다. 열심히 이야기를 하고 있는데 아무도 듣는 사람이 없어 안타까울 정도였다.

　그리고 그날 오후 집으로 돌아오는 길에 미니 재봉틀을 판매하는 행상인을 만났다. 처음부터 크고 굵직한 소리로 시선을 끌었는데, 발음이 너무나 정확해서 듣지 않으려 해도 귀에 꽂히는 듯했다. 내용도 재치 있어서 행상인이 말할 때마다 승객들 사이에서 킥킥 웃음소리가 터져 나왔다. 여러 명이 물건을 산 것은 물론이다.

두 행상인은 모두 일상생활에 필요한 물건을 팔았으며, 물건의 가격도 비슷했다. 아마 말하는 내용에도 큰 차이는 없었을 것이다. 중요한 것은 크고 정확한 발성과 발음이었다. 목적을 가지고 말을 한다면, 일단 내 말을 듣게 만들어야 한다. 내용은 그다음이다.


## 정확한 발음을 위한 혀 스트레칭과 모음 연습

정확한 발음을 위해서는 스트레칭이 도움이 된다. 무엇을 하든 준비운동은 필수이다. 발음을 할 때도 얼굴 근육을 자유롭게 움직이기 위해 준비해야 한다. 실제로 아나운서들은 원고를 읽기 전에 얼굴 주변 근육을 풀어준다. 가수도 마찬가지이다. 얼굴 근육을 스트레칭하여 충분히 풀어주면 말하듯 자연스럽게 노래할 수 있다.

일단 풍선을 불 때처럼 양 볼에 바람을 빵빵하게 넣는다.

이때 입술을 닫아 바람이 빠져나가지 않게 한다. 오른쪽 볼에 한 번, 왼쪽 볼에 한 번씩 번갈아가며 바람을 넣는다.

그리고 입술 주변을 손으로 동그랗게 돌려가며 마사지한다. 입술을 오므려서 내밀고, 오른쪽과 왼쪽으로 원을 그리며 돌려준다. '개구리 뒷다리'라고 말하며 미소를 지어 보자. 할 수 있다면 혀를 '아르르르르'하고 털어주는 혀 트릴을 통해 혀의 근육도 풀어준다.

이렇게 총 5~10초 정도를 스트레칭한다.


스트레칭이 끝나면 모음 연습을 해보도록 하자. 모음 연습 시 거울은 필수이다. 발음 연습을 할 때는 입을 크게 벌리며 훈련하도록 하자. '아' 발음은 아래턱이 툭 편하게 열리듯이 하고, 혀는 아래로 내린다. 아래턱을 지나치게 내려서 목에 힘이 들어가지 않도록 주의한다.

그다음 '에'에 앞서 '이' 발음을 먼저 연습한다. '이' 발음을 하면 '에' 발음 때보다 입술이 더 옆으로 길어진다. '김치'를 소리 내 발음해 보면 알 수 있듯 가로로 벌어진다. '치'를 발음한 뒤에 이어서 '이' 발음을 해보자.

'에'를 발음할 때는 입꼬리가 대각선 위로 살짝 당겨지는 느낌을 가지고 발음한다. '오'를 발음하면 윗입술과 아랫입술이 둥그렇게 모아진다. 입술로 도장을 찍는 듯한 느낌으로 '오' 발음을 해보자. '우'는 입술 주변 근육에 힘이 들어가며, 입술이 앞으로 나오면서 발음한다.

위와 같은 훈련은 노래에도 적용할 수 있다. 실제로 필자가 보컬 수업을 할 때 사용하는 방식인데, 간단한 동요를 모음으로 불러보는 것이다. 예를 들면 '학교 종이 땡땡땡'을 '아요 오이 애애애'로 불러보는 것이다. 입 모양을 정확하게 만들면서 천천히 불러본다.

그리고 스타카토로도 읽어본다. '학! 교! 종! 이! 땡! 땡! 땡!'이라는 식으로 글자를 읽고, 각 글자의 모음만 읽어보기도 한다. 이때는 입모양을 신경 쓰며 읽는 것이 가장 중요하다.

마지막으로 소개할 것은 나무젓가락을 물고 하는 발음 연습이다. 젓가락을 입에 가볍게 물고, 소리 내어 정확한 발음으로 글을 읽어본다. 젓가락을 무는 위치는 혀가 원활히 움직일 수 있도록 바깥쪽으로 문다. 이는 부정확한 발음을 교정하는 데 도움이 될 수 있다. 그다음에는 나무젓가락을 빼고 같은 느낌으로 발음하려고 노력하자.

　모음만 제대로 소리 내도 발음이 달라진다. 여기에 더해 입 안을 크게 벌려 소리가 울릴 수 있는 공간을 만들어야 한다는 걸 잊지 말자. 이렇게 모음 훈련을 하면 평소 말할 때에도 또렷하고 잘 들리는 말하기가 가능해질 것이다.

column

# 보컬 트레이너가 알려주는
# 목소리 관리 노하우

'나는 가수나 배우도 아닌데, 목 관리가 필요할까?' 이렇게 생각할지도 모르겠다. 그러나 교사, 코치, 강연가, 판매업, 영업자, 상담가, 의사, 변호사 등 말을 많이 하는 직업이라면 목 관리는 필수이다. 이 같은 직종이 아니더라도 미리 목을 관리해 두어서 나쁠 것은 없다. 사실 말을 안 하는 직업이 어디 있는가? 자신의 의사를 표현하기 위해서는 필수 불가결하게 누군가와 대화를 해야만 한다.

직업상 목소리를 많이 쓰는 사람들, 예를 들어 가수나 배우, 트레이너들은 각자의 방식으로 목 관리를 하고 있다. 목소리가 생명과도 같기 때문이다. 뮤지컬 배우 옥주현은 자신의 목 관리 노하우에 관해 다음과 같이 말한 적이 있다.

물을 많이 마신다. 하루에 물 2리터를 마셨을 때와 안 마셨을 때는 확실한 차이가 있다. 외부 습도는 어떻게 할 수 없지만, 내 몸의 습도는 중요하다.

좋은 목소리를 유지하기 위해서는 관리가 필요하다. 설사 말을 많이 하지 않는 직종이라 해도, 평소 관리해 두면 중요한 상황에서 빛을 볼 수 있다. 목 관리는 중요한 날에 갑자기 하는 것이 아니라 평소에 미리 해두어야 한다.

필자 또한 평소 목 관리를 하고 있으며, 말을 많이 해야 하는 날. 이를 테면 강연 날을 앞두고는 특별히 더 신경을 쓴다. 가장 기본은 물을 자주 마시는 것이다. 성대는 1초에 100~250회까지 진동한다. 이렇게 진동하다 보면 건조해지게 된다. 따라서 수분은 목소리에 큰 영향을 미친다. 강연장이나 콘서트, 팬 사인회 등을 가면 어김없이 생수가 비치되어 있는 것은 이런 이유에서다.

물은 하루 2리터 정도 마시는 것이 좋으며, 차가운 물보다는 따뜻한 물이 도움이 된다. 따뜻한 물의 온도로 성대를 촉촉하게 만드는 것이다. 말하는 도중에 물을 마실 때는 한꺼번에 많은 양을 마시는 것이 아니라, 조금씩 자주 마셔서 목을 축여주는 것이 좋다. 음료수보다는 생수를 마시도록 하자. 물은 어떤 음식보다도 목 관리에 중요한 역할을 한다.

목소리를 사용하기 전에 피해야 할 음식이 몇 가지 있다. 좋은 목소리를 내는 데 방해가 되는 음식들이다.

첫째, 커피나 녹차를 피하자. 카페인은 성대를 건조하게 만든다. 녹차에도 카페인이 있음을 알고 있을 것이다. 앞서 말했듯 성대는 항상 촉촉해야 한다. 건조한 상태에서는 목소리가 잘 나오지 못한다. 말을 많이 해야 할 때는 커피보다는 물을 마시도록 하자. 필자 또한 강의할 때면 생수를 텀블러에 담아서 옆에 두고 수시로 마신다. 말을 많이 하거나 노래를 해야 하는 자리를 앞두고 있다면, 충분한 시간 텀을 두고 식사는 미리 하도록 하자.

둘째, 탄산음료나 주스 등 설탕이 많이 들어간 음료를 마시면 침이 많이 생겨서 말할 때 불편해진다. 우유나 요구르트 같은 유제품류, 초콜릿, 아이스크림 또한 가래를 발생시킨다. 목에 무언가 걸린 듯 답답해져서 헛기침을 유발하기 십상이다. 헛기침 등으로 소리를 가다듬으면 목에 무리가 가므로 유의해야 한다.

필자가 대학 시절 공연을 준비할 때의 일이다. 늦은 시간까지 연습하다 보니, 밥 대신 빵과 마시는 요구르트를 즐겨 먹었다. 배는 채워졌지만 이상하게도 목은 왠지 모를 이물감으로 불편했다. 나도 모르게 헛기침 등으로 목을 가다듬는 일이 잦았는데, 하면 할수록 목이 따가워졌다. 당시에는 목 관리하는 방법을 잘 몰랐기에 원인이 음식이라는 것을 알지 못했다. 가볍게 커피 한 잔, 빵 한 조각 먹는 것이 뭐 대수냐 싶겠지만, 목을 많이 사용하는 경우 분명히 방해가 된다.

그렇다면 좋은 목소리에 도움이 되는 음식은 무엇일까? 앞서도 말했듯, 직접적으로 가장 도움이 되는 것은 물이다. 목을 많이 사용했거나 목 건강을 챙긴다면 배, 도라지, 모과, 생강, 대추 등을 달인 물이나 차를 마셔 보자.

배는 목을 많이 썼을 때 진정 효과가 있다. 천식이 있는 사람에게도 좋은 음식이다. 모과는 기관지를 튼튼하게 해준다. 목이 쉬거나 목소리가 잠겼을 때, 모과차를 복용하면 좋다. 필자는 공연 연습을 할 때면 모과차를 많이 마셨다. 한 번은 연습을 심하게 해서 목에 무리가 온 적이 있었는데, 그때 모과차의 효과를 톡톡히 봤다. 목감기에 걸렸을 때도 도움이 된다. 대추차는 말을 많이 한 직후에 마시면 좋다. 도라지는 면역력을 높여주고, 호흡질환에도 도움을 준다.

필자는 요즘 도라지와 대추, 양파를 끓여서 차로 마시고 있다. 배와 대추, 양파, 도라지를 깨끗하게 씻어 물을 붓고 한참 끓여준다. 물이 끓기 전까지는 센 불로 조리하고, 끓기 시작하면 중불로 조절해서 푹 달인다. 두 시간 정도 달이면 목에 좋은 특제 차가 만들어진다.


건강하고 맑은 목소리가 사람의 인상에 큰 영향을 미친다는 것은 누누이 말한 바이다. 좋은 목소리를 가지고 싶다면 목 건강을 챙기는 것도 중요하다. 목이 안 좋으면 말하는 중간중간 목을 가다듬게 된다. 자꾸 헛기침을 하거나, "어흠"하고 큰소리로 목을 가다듬거나, 가래 끓는 소리를 내면 대화의 흐름이 끊긴다. 그 모습을 보고 있는 상대의 기분도 유쾌하지만은 않을 것이다.

신경 쓰고 관리하는 만큼 목소리와 목의 컨디션은 좋아진다. 정성을 들이면 그 이상의 효과를 볼 수 있다는 걸 명심하자.

# part 04

# 어쩐지
# 마음이 끌리는
# 사람의
# 말하기 비결

이제 당신이 말하면 통한다

# 말하기에도
# 무대 매너가
# 필요하다

가수들은 자신의 무대에 최선을 다한다. 단지 노래와 춤을 연습하는 것이 다가 아니다. 콘서트를 위해 몇 개월을 준비하며 무대에서 보일 모습을 만들어나간다. 운동을 하고, 식단을 조절하며, 가사에 맞는 제스처와 눈 맞춤을 연습한다. 관객이 노래에 집중할 수 있는 의상을 준비한다. 이러한 요소 하나하나가 모여서 가사의 내용을 전달하고 분위기를 돋우는 데 일조한다. 시각과 청각을 모두 만족시키는 화려한 무대 매너는 청중의 마음을 빼앗는다. 원래는 그다지 좋아하지 않는 가수였는데, 어쩌다 한번 콘서트를 본 후에 열렬한 팬이 되고 말았다는 사람이 그토록 많은 이유이다.

말하기도 비슷하다. 우리는 종종 누군가의 말하는 모습에 호감을 느끼거나 반한다. 예를 들어 얼마 전 〈나 혼자 산다〉에 출연한 다니엘 헤니의 모습이 '일상이 드라마'라고 하여 화제가 되었다. 매니저와 이야기를 나누거나 제작진과 인터뷰하는 모습이 마치 드라마의 멋진 남자 주인공 같아 보인다는 것이었다.

그가 말을 너무나 조리 있게 잘했기 때문일까? 단지 그것만은 아니다. 그가 하는 말과 더불어 부드러운 목소리와 말투, 풍성한 표정과 제스처, 여유와 자신감이 느껴지는 태도 등이 모두 어우러진 결과이다.

가수나 배우를 보면 몸에 배어있는 무대 매너가 일상 대화에서도 자연스럽게 드러나는 경우가 많다. 일단은 인사부터가 다르다. 가수들은 큰 목소리로 정확하게 자신의 이름이나 팀명을 소개한다. 제스처 또한 다양하다. 부동 자세로 말하는 사람은 드물다. 또한 크게 웃으며, 놀란 표정, 황당한 표정 등 한눈에 봐도 알아볼 만한 표정을 비교적 크게 짓는다. 그리고 계속해서 청중 또는 상대 출연자와 눈 맞춤을 하며 리액션을 이끌어낸다.

그에 비해 우리는 어떤가? 표정은 단조롭다. 자신의 제스처나 자세를 신경 쓰는 사람은 드물다. 대부분 의식 없이 습관적으로 움직인다. 재미있는 이야기를 준비해 왔는데 상대방이 웃지 않으면 실망하면서, 정작 자신은 상대의 이야기에 별다른 리액션을 하지 않는다. 눈 맞춤은 고사하고, 상대가 말하는데 시선은 스마트폰을 향해 있거나 딴짓을 하는 경우도 많다.

## 나만의 무대 매너를 만들어라

퍼포먼스 토킹의 최종 단계는 무대 위의 배우처럼, 상대의 눈과 귀를 사로잡는 데 있다. 일상생활의 대화에서도 무대 매너를 발휘하면 이러한 부분이 가능해진다.

연기자가 된 듯 상대의 대사말를 경청하고 리액션을 아끼지 말아야 한다. 중요한 자리라면, 흡사 콘서트를 준비하는 가수처럼 며칠 전부터 만남을 준비하자. 상대방에게 보이는 자신의 모습, 즉 복장과 스타일까지 꼼꼼하게 준비하고 전달하고 싶은 말의 요지를 정리하고 어투와 표정, 제스처까지 모두 시뮬레이션해 본다.

연극에서 상황이 전환되면 배우의 말투와 목소리 톤, 시선과 동선 처리가 바뀌듯, 대화에서도 상황에 따른 무대 매너가 필요하다. 호감을 쌓기 위한 만남이라면 편안하고 자연스러운 태도를 보이며, 일상적이면서도 긍정적인 대화 소재를 선택한다. 설득하거나 요구하려는 상황이라면 단호한 태도와 표정, 메시지를 강조할 만한 제스처가 필요할 것이다.

기억하자. 대화는 쌍방향적인 소통이며, 의식하지 않는 순간에도 상대의 시선은 당신을 향해 있다. 무의식적인 제스처나 자세, 표정 등이 모두 상대방에게 입력되어 당신이란 사람의 인상을 결정한다. 어쩐지 호감이 가는 사람, 똑 부러져 보이는 사람, 성실하고 유쾌한 사람 등의 평가는 모두 종합적인 이미지에 기초한 것이다. 인상이란 단지 말의 내용만으로 결정되는 것이 아니다.

● performance talking ─────────

퍼포먼스는 특별한 것이 아니다. 우리는 일상생활에서 다양한 역할을 소화하고 있다. 친구 혹은 동료, 가족들과 이야기할 때 당신은 때로 사회자가 되기도 하며, 분위기를 돋우는 보조 엠씨 역할을 하기도 한다. 잘 모르는 사람들이 모인 곳에 가서 주목을 받을 때는 토크쇼의 게스트가 된 듯한 느낌도 받을 것이다. 스피치를 하기 위해 연사로 나설 때는 모두가 주목하는 모노 드라마의 주인공이 되기도 한다! 그때그때 상황에 따라 적절한 매너를 보여주고, 자신의 이미지와 배역을 연출하는 것, 그것이 퍼포먼스 토킹에서 말하는 무대 매너이다.

# 입장하는 걸음걸이까지,
## 모든 것이
## 말하기다

◇◇◇◇◇◇◇◇◇◇◇◇◇◇◇◇◇◇◇

가수들이 무대에 입장하는 모습을 보면 걸음걸이부터 다르다. 자신감에 찬 발걸음으로 무대 위에 올라 관객들을 향해 시선을 옮긴다. 눈인사를 하고 미소로 한 번 더 인사를 건넨다. 이처럼 가수들의 퍼포먼스란 노래와 함께 시작되는 것이 아니라, 사실상 무대 입장과 동시에 시작된다.

이러한 전략은 일상생활에도 적용할 수 있다. 중요한 협상을 앞두고 미팅룸에 들어가는 순간, 다음 면접자로 내 이름이 불리는 순간, 또는 회사에 출근하여 사무실 문을 여는 순간 등 일상의 순간순간 당신은 '나만의 무대'에 오르는 것이다. 무대에 서는 가수처럼, 걸음걸이와 바른 자세, 여유 있는 모습 등 보여질 이미지를 생각하고 기획해야 한다.

특히 중요한 자리 혹은 하기 어려운 말을 해야 하는 자리라면 자신을 연기자라 생각해보자. 평상시의 자신이라면 남에게 아쉬운 소리나 단호한 말을 하기 어려울지도 모른다. 그러나 그 순간 연기자가 된다면 이야기가 달라진다.

상대에게 보이는 자신의 모습을 연출하고 적절한 대사를 말하기 위해서는 어느 정도 준비가 필요하다. 첫 시작에서부터 어떻게 말하느냐, 어떤 모습을 보여주느냐가 중요하다. 자신감 넘치는 모습으로 청중에게 마음을 담아 인사하는 가수처럼, 당신의 눈 앞에 있는 상대에게 인사를 건네는 것부터 시작하자.

누군가를 처음 만나는 자리라면 이러한 연출이 더욱 필요하다. 첫인상은 3초 안에 결정된다. 첫인상이 좋지 않으면 좋은 인연으로 이어지기가 힘들다. 반대로 첫인상에서 호감을 주면 그 이후로는 어떤 이야기를 하더라도 일단 긍정적인 반응을 얻을 수 있다. 첫인상부터 사로잡는 것이 핵심 포인트이다. 좋지 않게 인식된 첫인상을 바로잡는 데는 60번 정도의 만남이 필요하다고 한다.

## 처음부터 끝까지, 집중력을 유지하는 법

필자의 수강생 중 노래를 부를 때 시작 부분을 정말 잘하는 사람이 있었다. 그런데 끝 부분은 항상 아쉬웠다. 그 자신도 "노래를 하면 첫 시작은 좋은데 끝마무리가 안 돼요"라고 말하곤 했다. 원인은 끝까지 집중하지 않는 데 있었다. 노래를 잘 부르기 위해서는 끝까지 노래에 집중하면서 잘 마무리해야 한다.

말하기도 마찬가지다. 당당한 걸음걸이로 미팅룸에 들어가 여유로운 미소로 상대에게 인사를 건네는 것까지는 좋았는데, 뒤로 갈수록 점차 집중력을 잃고 평상시 모습으로 돌아가 버린다. 애서 준비한 자기 연출은 용두사미가 되고 만다.

처음부터 끝까지 집중력을 유지하기 위해서는 집중의 대상을 단계별로 바꿀 필요가 있다. 시작 단계에서는 상대에게 보이는 자기 모습을 연출하는 데 집중하라. 그리고 본격적인 대화에 돌입하면 내가 준비해 뒀던 말, 즉 준비해 간 콘텐츠에 집중해야 한다. 그렇다고 해서 자기 할 말만 하라는 것은 아니다. 모노 드라마가 아닌 이상, 연기자는 상대 배우의 연기에 맞춰 대사를 하고 리액션을 한다. 대화에서도 적절한 순간 이야기를 잘 풀어내는 것이 중요하다. 상대의 말을 경청하고 상대와 호흡을 맞추며 준비해 둔 이야기, 하려던 말을 적재적소에 해내는 것이 중요하다.


앞의 수강생에게 필자는 "첫 소절을 부른 이후에는 전달하려는 가사에 집중하라"는 처방을 내렸다. 그리고 혹여 실수하더라도 그에 관해서는 나중에 생각하고, 일단은 남은 노래를 끝까지 잘 해내는 데만 집중하길 권했다.

대화나 스피치는 노래와는 달리 긴 시간 이어지는 경우도 많다. 집중력이 흐트러져 약간의 실수도 있을 수 있다. 그럴 때는 얼른 정신을 차리되, 지난 실수에 관해서는 나중에 생각하기로 하자.

그 순간에도 상대는 당신을 바라보고 있다. 어떤 모습을 보일지 퍼포먼스 토킹을 잊지 말고, 남은 이야기를 잘 전달하는 데만 신경 쓰자.

● performance talking ───────

만나는 장소에 들어서는 순간부터 이야기를 나누고 헤어지는 순간까지 그 모든 과정이 말하기, 즉 퍼포먼스 토킹의 과정이다. 가수들이 무대에 입장하는 순간부터 노래를 마치고 퇴장하는 그 순간까지도 관중에게 신경 쓰듯, 일상 대화에서도 집중력을 유지하며 상대와 교감하면서 이야기할 수 있도록 노력하자.

# 눈으로 말하면
## 매력이
### 보인다

평상시 이야기할 때 눈 맞춤은 어떻게 하는가? 대부분은 자신이 어떻게 눈 맞춤을 하고 있는지 모른다. 친하고 편안한 사람들과 이야기할 때는 대부분이 편하게 상대의 눈을 바라보며 말할 것이다.

그러나 처음 만나는 사람, 친분이 깊지 않거나 약간 어색한 사이, 혹은 청중을 앞에 두고 말할 때는 시선을 어디에 둬야 할지 몰라 당황하기 십상이다. 갈 곳 잃은 눈빛이 이리저리 흔들리면, 상대방도 내가 불안하고 긴장한 상태라는 걸 알아차리게 된다.

그런가 하면 아예 시선을 돌리고 이야기하는 사람도 있다. 말하는 순간은 편할지도 모르지만 전달력은 떨어진다. 요즘은 많이 바뀌었지만, 우리나라 사람들은 어른의 눈을 보고 말하는 것이 예의가 아니라고 생각해 눈을 내리깔고 말하는 경우가 많다. 그러나 문화권에 따라서는 이는 무례가 되기도 한다. 사람에 따라서는 그러한 모습을 불쾌하게 느낄 수도 있으므로 주의해야 한다.


## 상대의 눈을 사로잡고 싶다면 눈빛을 교환하라

진심은 입으로만 전해지는 것이 아니며 눈빛으로 느껴진다. 진정성이 담긴 메시지에 눈빛이 더해지면 효과는 배가 된다. 이처럼 눈 맞춤은 나의 마음을 표현하고 전달하는 말 이상의 수단이 된다.

눈을 맞추는 것은 상대로 하여금 내 말에 귀를 기울이게 만드는 하나의 방편이기도 하다. 말하는 사람이 눈을 계속 맞춰오고 눈빛을 교환하고자 하는데 딴청을 피울 수는 없는 노릇이다. 어쩔 수 없이 상대를 응시하며 경청하게 된다. 눈이 향하면 자연스럽게 귀도 향하는 법이다. 상대가 내 말을 주의 깊게 듣길 바란다면, 일단 그의 눈길을 잡아두자.

이는 강연이나 프레젠테이션 같은 스피치에서도 유용하다. 스피치를 할 때는 대체로 관중이 많기 때문에 집중력도 쉽게 흐트러진다. 조금만 시간이 지나도 제각기 스마트폰 등에 눈길이 가있다. 이럴 때 시선을 옮겨주며 관중들과 눈을 맞추면서 이야기하면 어느 정도 집중력을 유지시킬 수 있다. 연사가 그 공간 내의 분위기를 주도하기에도 좋은 전략이다.

## 불안한 눈빛을 들키지 않으려면

그런가 하면 눈 맞춤을 연습해 두면 당황스러운 순간에 눈

175

빛으로 드러나는 불안감을 어느 정도 감출 수 있다.

필자는 배우는 것을 좋아해서 강연을 들으러 다니길 즐긴다. 한 번은 연사가 강의를 처음 해보는 사람이었는지, 진지하게 발표하는 자리인 줄 몰랐다며 준비를 제대로 못해온 것에 대해 사과하였다. 시선 처리 또한 불안하여 당황한 기색이 역력해 보였다. 객석에서 보는 내 마음이 다 불안할 정도였다.

자신감이 없으면 눈빛에서 그것이 느껴진다. 준비가 되어 있지 않으면 불안한 마음이 시선 처리로 나타난다. 이런 경우 대부분 상대방도 불안함과 어색함을 느끼게 된다. 한시라도 빨리 이 대화를 끝내고 자리를 뜨고 싶어 진다.

한편, 사이가 좋지 않은 사람이나 이해관계가 얽힌 사람과 대화를 나누고 있었다면, 불안한 시선 처리는 상대방에게 기회를 제공해 주는 것이다 다름없다. 당신의 불안함을 알아차리고 그 틈에 기선을 제압할 기회 말이다.

혹자는 "눈을 마주쳤을 때 시선을 바로 피해버리면 되지 않아요?"라고 물을지도 모른다. 그러면 상대는 많은 생각을 하게 된다. '나를 싫어하나?'부터 '뭔가 켕기는 구석이 있나?' 까지. 게다가 이 또한 자신감 없는 행동으로 비치기도 한다.

그럼 어떻게 하는 것이 좋을까? 마음속의 불안과 당황스러움이 눈빛으로 새어 나오는 것을 완전히 막을 수는 없다. 그러나 평상시에 자연스럽게 시선을 옮기는 연습을 해두면 눈빛을 어느 정도 숨길 수 있다.

불안하면 이리저리 시선이 갈 곳을 잃고 헤매기 마련이다. 그럴 때 시선을 옮기는 요령을 사용하면 상대방에게 불안한 눈빛을 덜 드러낼 수 있으며, 또한 자신의 마음을 안정시키는 데도 도움이 된다.


## 자연스럽게 눈 맞춤을 하는 법


굳이 당황스러운 순간이 아니라도, 대화를 할 때는 시선을 자연스럽게 옮겨주는 것이 좋다. 여러 사람과 대화하거나 청중 앞에서 말하고 있다면, 나를 향해 웃어주거나 열심히 내 말을 들어주고 있는 사람과 눈을 맞추면 편안히 말할 수 있게 된다.

공간이 넓은 곳이라면 나누어서 시선을 옮겨준다. 최소 삼 등분으로 나누는 것이 좋으며 왼쪽, 오른쪽, 가운데로 시선을 고루 옮기면 자연스러운 시선 처리가 가능하다. 3개의 그룹 안에서 앞서 말했듯 비교적 편안하게 느껴지는 사람과 눈을 맞추면 된다.


그럼에도 눈 맞춤이 어렵다면, 방법이 있다. 눈이 아니라 미간을 바라보는 것이다. 시선을 눈보다는 조금 위쪽으로 올린 채 이야기한다. 이는 조금 멀리 떨어진 공간에서 도움이 된다. 상대방은 눈을 바라보는 것처럼 느낄 것이다. 그러나 어디까지나 임시방편임을 기억하자. 눈 맞춤을 연습하는 초반에 사용하고, 점차 상대방과 눈을 맞추며 이야기하는 연습을 해나간다.

호감 가는 사람과 함께 있을 때 어떻게 눈 맞춤을 했는지 기억나는가? 서로 호감을 느꼈을 때의 눈 맞춤은 부지불식 간에, 무의식적으로 일어난다. 나도 모르게 시선이 자꾸 머무르고 눈빛을 교환하고 싶어 지는 것이다. 이처럼 친해지고 싶거나 마음을 얻고 싶을 때 상대를 바라봤던 눈빛을 기억하고 그 눈빛을 연습해 보자. 웃으면서 온화한 느낌으로 눈 맞춤을 하고, 말하고자 하는 내용에 맞춰 감정을 실어주자.

# 거리와 공간,
# 당신만의 무대를
# 활용하라

커뮤니케이션에 있어 뜻밖의 중요한 요소 중 하나가 사람 사이의 거리이다. 적절한 거리는 대화하는 상대에게 안전감을 준다. 너무 가까우면 부담감 혹은 불쾌함을 느낄 수 있으며, 너무 멀면 말소리가 잘 안 들리는 등의 이유로 집중도가 떨어진다.

필자의 수강생 중 한 명은 강의를 들을 때마다 의자를 당겨 내 쪽으로 가깝게 고쳐 앉는다. 나를 향해 의자를 당겨 앉는 모습을 보면 배우고자 하는 열의가 느껴진다. 그에 부응하고자 나도 더욱 열심히 강의를 하게 된다.

이야기를 하는 사람과 듣는 사람, 혹은 대화 중인 두 사람 사이의 거리는 단순한 물리적 거리가 아니다. 사람들은 마음에 따라 자연스럽게 거리를 둔다. 마음이 끌리는 사람, 관심이 있는 사람에게는 가까이 다가가고, 별 관심이 안 가는 사람이나 좋아하지 않는 사람과는 거리를 벌린다.

호감 가는 사람이 있다면 거리를 조금 좁혀보자. 몸을 상대방 쪽으로 살짝 틀어서 상대를 향해 기울이는 정도로도 거리를 좁힐 수 있다. 수강생이 다가앉는 모습에 더욱 열정적으로 강의했던 필자처럼, 상대방도 자신을 향해 다가앉는 당신의 모습에 마음을 열지도 모른다. 이처럼 거리를 이용해 상대의 마음을 얻을 수도 있다.


## 대화 상대와의 적정한 거리란

모든 일에는 적정선이 있는 법이다. 지나치게 가까이 다가

가면 오히려 부작용을 불러일으킬 수 있다. 아무리 좋은 사람이라도 친해지기도 전에 너무 가까이 접근하면 자신도 모르게 경계하게 되는 법이다. 자신의 공간을 침범당한 느낌에 심지어는 불쾌감을 느낄 수도 있다.

서서히 거리를 좁혀가되, 아무리 친하더라도 적정 거리를 유지하는 것이 중요하다. 그렇다면 대화할 때의 적정 거리란 어느 정도일까?

손을 뻗으면 닿는 정도의 거리를 기준으로 삼자. 비교적 가까운 사이로 사적인 대화도 스스럼없이 나눌 정도라면 손을 뻗었을 때 닿는 정도의 거리가 적당하다. 문화인류학자 에드워드 홀이 말한 '사적인 거리' 개념에 따르면 45~120cm 정도이다.

친분이 두텁지 않고, 공적인 대화를 나누는 사이라면 손을 뻗으면 닿는 거리 이상을 유지해야 한다.

물리적으로 적당한 거리를 유지하는 것은 서로의 마음에

편안한 안전감을 준다. 마음이 편안해야 이야기에 집중할 수 있는 법이다.


## 가수가 무대를 활용하듯, 스피치 공간을 활용하라


발표나 프레젠테이션을 할 때는 청중과의 거리가 정해져 있다. 이때는 공간 활용이 중요하다. 콘서트에 가 보면 가수들은 공간을 잘 활용한다. 대부분의 콘서트는 체육관처럼 넓은 공간에서 진행되는데, 공간이 아무리 넓고 크더라도 그 공간을 골고루 사용하는 것을 볼 수 있다. 오른쪽에 있는 청중, 왼쪽에 있는 청중, 무대 아래에 있는 청주, 왼쪽 2층 대각선에 있는 청중 등에 가까이 다가가며 노래를 한다. 이 같은 공간 활용을 통해 청중을 고루 신경 쓰고 있다는 걸 보여주는 것이다.

스피치도 마찬가지다. 청중은 연사와 가깝게 느껴지는 것을 좋아한다. 연사의 눈길이 닿기 어려운 외각에 앉은 청중까지 챙긴다면, 말은 하지 않아도 고마움과 친밀함을 느낄 것이다. 물리적으로 가까이 가지는 못하더라도 시선을 통해 마음의 거리를 좁힐 수 있다.

공간 활용을 잘하기 위해서는 미리 동선을 계획하고 움직여야 한다. 준비된 동선으로 움직이면 엉킬 일이 없다. 한 공간에 가만히 있지 말고, 좌우 앞뒤로 나누어 움직인다. 무대 중앙에서 시작하여, 스피치의 내용이 바뀌거나 환기가 필요할 때마다 오른쪽 방향이나 왼쪽 방향으로 이동한다. 한 번 더 내용이 바뀌거나, 환기해야 할 지점이 오면 반대쪽으로 이동하면 된다.

이처럼 상황이 전환되면 시선과 동선으로 이를 표현하는 것이 좋다. 강조하고 싶은 지점에서는 무대 앞으로 나간다. 이렇게 하면 움직임을 통해 내용을 강조할 수 있다. 적절한 움직임은 집중을 유도할 수 있지만, 지나치게 움직이면 정신 없는 느낌을 줄 수 있다는 것에 유의하자.

필자 또한 강연할 때면 무대 공간을 최대한 활용하며 이야기한다. 종종 교탁이 동선에 방해가 되는 경우가 있는데, 그런 때는 살짝 옆으로 치워두고 공간을 활용한다. 강조할 부분에서는 청중에게 다가서면서 말하고, 이야기가 전환될 때는 왼쪽과 오른쪽으로 이동한다.

청중이 어느 쪽에 앉아있든 프레젠테이션을 편히 볼 수 있도록 동선을 미리 구상하는 것도 포인트다. 한 번은 강의를 듣는데 말하는 강사가 프레젠테이션 화면을 보며 설명하기 위해 등을 돌렸다. 그런데 구석에 앉아있는 나를 생각하지 못하고 등을 돌린 나머지, 필자는 시선이 가려져 화면을 볼 수 없었다. 말할 때도 한 방향만 보면서 이야기하느라 필자에게까지 시선이 오지 않았다. 이렇게 되면 아무래도 강의에 집중하기가 어렵다.

이처럼 중앙뿐 아니라 좌우 끝쪽에 앉아있는 청중에까지 고루 신경을 쓰면서 소외감을 느끼지 않도록 배려하는 것 또한 공간 활용의 일종이다. 간과하기 쉬운 한편, 의외로 어렵지 않은 무대 매너이기도 하다. 이런 센스를 발휘하면 상당히 베테랑 연사처럼 보일 것이다.

● performance talking ─────────

커뮤니케이션은 항상 쌍방향으로 이뤄진다. 나는 적정 거리를 유지하고 싶은데, 상대방이 내게 지나치게 가까이 다가올 수도 있다. 이때는 당신이 느끼기에 편하게 느껴지는 거리가 바로 적정한 정도이다. 상대방에게 "죄송하지만, 저희 조금 더 떨어져 앉으면 안 될까요?"라고 자신의 불편함을 표현하자.

# 목소리 톤과 말투로
## 감정을
## 전달하라

<br>

어느 오후, 자주 가는 카페에서 전화 통화를 하고 있었다. 오랜만에 연락이 닿은 지인과 즐겁게 통화를 마쳤는데, 평소 친하게 지내던 카페 사장님이 이렇게 말하는 것이 아닌가.

"선생님과 통화하는 상대는 참 기분이 좋을 것 같아요."

"왜 그렇게 생각하세요?"

"리액션이 좋아서 옆에서 듣기만 해도 마음이 밝아지니, 상대방은 얼마나 기분이 좋겠어요."

생각해 보니 반가운 마음에 목소리 톤이 절로 높아졌고,

상냥한 말투가 나온 덕분인 것 같았다.

이처럼 우리는 목소리 톤과 말투에서 다양한 감정을 느낀다. 반가움과 지루함, 기쁨과 슬픔, 만족과 불만족, 행복과 분노 등이 묻어 나온다. 감정에서 나오는 목소리 톤은 인위적으로 만들 수 있는 것이 아니다. 아무리 노력해도 어느 정도는 드러나기 마련이다.

그럼에도 상황에 맞추어 목소리의 높낮이를 조절해야 할 때가 있다. 예를 들어, 그다지 반갑지 않은 상대라도 목소리 톤을 높여 반가운 듯 이야기 나눠야 하고, 화가 나서 언성이 높아질 것 같더라도 목소리 톤을 한층 낮춰 자신의 분노를 숨겨야 하는 상황이 있을 수 있다.

미리 발성 훈련을 해두면 원할 때 목에 무리가 가지 않는 선에서 상황에 따라 자유자재로 목소리 톤을 조절하는 것이 가능하다. 기본은 내 목소리의 원래 톤을 아는 데서 시작된다. 나에게 맞는 가장 편안한 목소리 톤을 찾는 방법은 140페이지를 참고하자.

## 상황에 따른 적절한 목소리 톤

반가움을 표시하고 바로 사교적인 활동에 돌입해야 한다면 목소리 톤을 높인 채 이야기를 시작하는 것이 좋다. 이때 지나치게 인위적이면 역효과가 날 수 있고, 목에 무리를 줄 수 있다. 반가운 사람을 만났을 때 자연스럽게 나오는 톤 정도가 적당하다.

전달하는 정보나 메시지의 성격에 따라 목소리 톤을 조절하는 것도 가능하다. 예를 들어 뉴스를 진행하는 앵커의 목소리 톤은 대개 중저음이다. 이해하기 어려울 수도 있는 무거운 정보들을 전달해야 하므로 중저음의 톤으로 정보를 전달한다. 이렇게 하면 신뢰감을 줄 수 있다. 한편 스포츠 캐스터나 리포터들은 주로 높은 톤을 사용하는데, 발랄하고 활동적인 느낌을 전달하기 위함이다.

저음이면 가라앉는 느낌을 주어 건조하고 묵직하게 느껴지며, 높여주면 발랄하고 생동감이 넘치는 말하기가 된다. 직종과 업무 특성, 그리고 그때그때 상황에 따라 다양하게 활용해보자.

한편, 무뚝뚝하거나 신경질적으로 들리는 말투와 목소리 톤을 가진 사람들이 있다. 외모가 아무리 아름다워도 말투가 좋지 않으면 상대방의 호감을 사기 어렵다. 보다 친절한 톤으로 교정하고 싶다면, 말할 때 웃는 습관을 들여보자. 광대가 위로 올라가면서 입 안이 넓어진다. 입 안에 공간이 생겨 자신이 가진 목소리보다 맑은 소리를 낼 수 있게 될 것이다. 또한 웃으며 이야기하면 친절한 느낌을 줄 수 있다.

● performance talking

자신의 기본 목소리 톤을 찾는 것이 우선이며, 그다음으로 다양한 목소리 톤을 낼 수 있다. 편안한 목소리 톤을 찾아 그것을 기준으로 하여 높낮이를 조절해 보자. 익숙해지면 인위적인 느낌 없이 자유자재로 목소리 톤을 조절할 수 있게 된다.

# 때로는 날카롭게,
# 때로는
# 상냥하고 친절하게

상황에 맞는 적절한 목소리의 변화는 내용에 집중할 수 있게 해 준다. 아무리 좋은 이야기, 혹은 심각한 이야기를 해도 일정하고 지루한 톤이라면 집중하기 어렵다. 감정에 따라 목소리 톤이 달라지듯, 전달하고자 하는 내용에 따라 목소리 톤을 바꿔서 전달력과 집중도를 높일 수 있다.

앞서 마치 연기자가 된 것처럼 제스처와 표정을 연출하라고 말했다. 목소리 또한 마찬가지다. 배우들은 자신이 맡은 배역에 따라 다르게 연기한다. 연기하는 사람은 같은 사람이지만, 배역의 성격이 달라지면 목소리 톤이나 분위기 또한 달라진다. 덕분에 우리는 얼굴은 같아도 배역이 바뀌면 '다른 인물'이라고 인지하고 극에 몰입하곤 한다.

일상생활에서 다른 배역까지 연기할 필요는 없지만, 상황에 따라 다른 모습을 연출할 필요성은 종종 생기곤 한다. 예를 들어 항상 웃는 얼굴로 상냥하게 말하는 사람이라 해도 때로는 화를 낼 수밖에 없는 상황에 직면하게 마련이다. 화를 낼 때도 높은음의 밝은 어조로 말한다면, 상대가 과연 그 이야기를 진지하게 받아들이겠는가?

진중한 이야기를 할 때는 자신의 목소리 톤에서 조금 낮추고, 가능한 울림을 더해 이야기하면 좋다. 어린아이처럼 말끝을 길게 빼거나 너무 빠른 속도로 말하는 것은 금물이다. 말끝을 떨어뜨리며 단호하고 정확하게 자신의 의사를 전달하고, 주장할 것이 있다면 관철시키는 태도가 필요하다.

기쁨과 흥분을 표현할 때는 정반대이다. 목소리 톤을 높이고 말의 속도는 다소 빠르게 한다. 긴박하거나 흥분하면 말이 자연스럽게 빨라지기 때문이다.

적절한 연기는 말의 맛을 살려준다. 이것은 인위적인 것
이 아니라, 내용과 감정을 더욱 잘 표현하기 위한 일종의 말
하기 장치이다. 노래를 할 때도 가사나 분위기에 따라 감정
을 표현하듯, 말할 때도 연기적인 요소를 넣음으로써 내 의도
를 더욱 드라마틱하고 정확하게 전달할 수 있다.

## 상대의 귀에 꽂히게 하라

사람들은 흔히 말하는 기술보다는 내용이 더 중요하다고
생각한다. 내용이 좋으면 듣게 된다는 것이다. 물론 틀린 말
은 아니다. 아무리 또렷하고 좋은 목소리로 말한다 해도 내
용이 어불성설, 말도 안 되는 것이면 누구도 귀 담아 듣지 않
을 것이다. 그러나 반대로 아무리 좋은 내용이라 해도 들리
지 않으면 누가 그 중요성을 알아주겠는가?

발성과 호흡이 안 되는 배우가 연기하는 장면을 본 적이 있을 것이다. 분명히 감정을 담아 말하고 있는데, 그 대사 자체가 무슨 말인지 들리지 않는다. 극에 대한 몰입도가 갑자기 확 떨어지며 짜증마저 나는 경험을 한 적이 있을 것이다.

　일상생활의 말하기도 마찬가지다. 내 의도가 아무리 좋아도 상대방의 귀에 들리지 않고, 상대방의 관심을 잡아끌지 못하면 소용이 없다.


　강연을 들었는데 한 번은 강사의 말이 제대로 들리지 않았다. 목소리가 너무 작고 웅얼거리는 듯한 말투였기 때문이다. 적어도 중요 단어는 힘을 실어서 강조하듯 말한 덕분에 어떤 말을 하려는 것인지 대강은 알 수 있었지만, 그럼에도 강연장에 앉아 있는 한 시간이 정말 곤혹스러웠다.

　어쩌면 그 날 강연은 콘텐츠만 놓고 본다면 매우 훌륭한 것이었을지도 모른다. 그러나 강연은 책이 아니다. 청중을 앞에 두고 말로 전달하는 것이다. 그런 면에서 그날의 강연자는 목적 달성에 실패했다.

대화도 그렇다. 일대일 대화이든 여럿이 어울려 하는 대화이든, 말이란 결국 소통하기 위한 것이다. 들려야 하고, 들어주어야 한다. 더 잘 들리고, 더 잘 들을 수 있도록 하는 것이 좋은 말하기의 요건이다.

그런 의미에서 목소리 톤, 말의 속도, 크기와 억양 등을 조절하는 연습은 당신이 생각하는 이상의 의미가 있다. 상황에 따라 적절히 변화를 주면 더욱 효과적으로 전달할 수 있으며, 상대방도 더욱 호기심을 가지고 경청하게 된다. 이런 연출이 어느 정도 익숙해지면 나중에는 굳이 의도하지 않아도 상황에 따른 말하기가 가능해질 것이다.

● performance talking ─────────

연극에서 혼자 말하는 것을 독백이라고 한다. 아무리 조리 있고 논리적으로 말하더라도, 혼자서만 말하고 상대가 듣고 있지 않다면 대화가 아니라 독백이다. 수백 명의 청중을 앞에 두고 있더라도 아무도 주의를 기울이지 않은 채 연사 혼자 무대에서 열변을 토하고 있다면, 그 역시 독백이다. 좋은 대화, 좋은 스피치가 되기 위해서는 독백을 하는 상황이 되지 않도록 해야 한다. 결국은 말하는 사람의 퍼포먼스가 중요하다. 상대의 눈과 귀를 사로잡고, 상대가 내 말을 듣도록 만드는 것이야말로 진짜 말하기 능력이다.

볼륨을
조절하여
귀에 꽂히게 하라

내용을 잘 전달하기 위해서는 몇 가지 기술이 필요하다. 말의 속도와 강약을 조절하는 기술, 볼륨을 조절하는 기술이 그것이다. 말의 속도가 너무 빠르면 아무리 좋은 내용이라도 바로 알아듣기 어렵다. 보통은 긴장하거나 흥분했을 때 말이 빨라진다. 또 하고 싶은 말은 많은데 시간이 한정되어 있을 때나, 열정적으로 이야기할 때 말의 속도가 빨라지기 쉽다.

필자 또한 강의를 하다 보면 목소리 톤이 높아지고 말이 빨라질 때가 있다. 알려주고 싶은 내용은 너무나 많은데 시간이 제한되어 있다 보니 말이 자꾸 빨라지는 것이다. 요즘에는 그런 일이 별로 없지만, 강사로 일하기 시작했던 초반에는 속도 조절을 하지 못하는 실수를 자주 범했다. 내 나름대로는 열정적으로 강연한 것인데, 결과는 좋지 않았다. 너무 급하게 많은 내용을 쏟아내듯 말하다 보니, 수강생들이 그 속도와 양을 따라잡지 못해 이도 저도 아닌 수업이 되기 일쑤였다.

말을 제대로 전달하려면 듣는 사람의 입장을 배려해야 한다. 상대방에게 내가 하는 말을 받아들이고 소화할 시간을 충분히 줘야 한다. 나로서는 수백 번 반복한 이야기라 해도, 상대방 입장에서는 생판 처음 듣는 이야기일 수 있다. 사람마다 경험과 생각이 다르다는 것을 인정하고, 전달하는 데 있어 너무 욕심을 부리지 말자.

## 적당한 속도로, 리드미컬하게 말하라

말을 빠르게 하다 보면 점차 목소리 톤이 높아진다. 이렇게 말하면 발랄하고 활력 있는 느낌을 줄 수 있으나, 지나치면 성격이 급해 보이고 말이 설득력을 잃게 된다.

말을 느리게 하면 편안한 느낌을 주며 충분히 설득할 시간을 벌 수 있으나, 이것이 지나치면 답답한 느낌을 주게 된다. 고지식하고 융통성 없어 보이거나 재미없는 사람처럼 보이기도 한다.

이처럼 말의 속도에 따라서도 이미지가 달라진다. 적당한 속도로 리드미컬하게 말하는 것이 좋다.

목소리 톤과 마찬가지로, 말의 속도 또한 상황에 따라 조절해야 한다. 너무 일정한 속도로 말하면 생동감이 느껴지지 않고 쉽게 지루해진다. 강조하고 싶을 때는 말하는 속도를 바꿔주면 좋다. 상황에 따라서 발랄하거나 긴박한 느낌을 주고 싶다면 말을 살짝 빠르게 하고, 상대를 설득하고 싶다면 목소리 톤을 낮추며 말 속도도 조금 늦춰준다.

말의 속도는 콘텐츠의 수준과도 관계가 있다. 누구나 알고 있는 내용을 말할 때는 속도를 조금 빠르게 해야 상대방이 지루함을 느끼지 않는다. 그러나 상대방이 잘 모르는 내용이거나 숫자나 연대 등의 숫자를 언급하는 경우 또박또박 이야기하는 것이 좋다.

그렇다면 빠르지도 느리지도 않은 속도는 어느 정도일까? 보통 1분에 330~332음절 정도라고 한다. 타이머를 맞춰놓고 330자짜리 아래 문장을 읽어보자. 참고로 아나운서의 속도는 1분에 345~360음절 정도이다.

나도 말 좀 잘하고 싶다, 라고 생각한 적이 있는가? 말을 잘한다는 것은 어떤 것일까? 하고 싶은 말을 머릿속에서 빠르게 정리하여 내뱉으면 말을 잘하는 것인가? 아는 것을 조리 있게 논리적으로 표현할 수만 있으면 말을 잘하는 것인가? 많은 사람들이 콘텐츠에 주목하지만, 콘텐츠만큼이나 전달 기술이 중요하다는 사실은 간과한다. 말은 머리로만 하는 것이 아니며 눈으로 보고 귀로 듣는 것이다. 화자가 말을 하는 순간 청자는 여러 감각기관을 통해 정보를 입력한다. 말의 내용은 물론이고, 화자의 표정과 태도, 몸짓과 손짓, 눈빛, 목소리 톤, 말하는 속도, 말투 등 내용 외적인 정보들이 입력된다.

## 속도만 조절해도 이야기의 맛이 달라진다

발표나 프레젠테이션, 강연 등 준비된 스피치를 할 때는 강약 조절을 미리 구상함으로써 더욱 풍부하게 연출할 수 있다. 노래 한 곡을 하더라도 중요한 가사에서는 강조하며 부르기도 하고, 적절하게 포즈잠시 멈춤를 주어 새로운 마디를 섬세하게 표현하기도 한다. 볼륨 조절로 밋밋하지 않도록 노래에 맛을 더한다. 곡 구성에 따라 점점 고조시켜야 하는 부분이 있으며, 리듬에 따라 노래의 빠르기가 달라지기도 한다.

스피치 또한 다르지 않다. 내용이 끝을 향해가고 있으며 최고로 강조해야 하는 부분이라면 점점 말의 속도를 빠르게 하여 분위기를 고조시킨다. 편안하게 마무리하려면 점차 긴장이 완화되는 느낌으로 말의 속도 또한 느리게 고삐를 풀어준다. 어떻게 말하면 상대에게 잘 전달될지를 중점적으로 생각하며, 준비된 대본을 점검하고 연습하자. 속도만으로도 충분히 강약을 조절할 수 있다.

● performance talking ─────────

말의 속도는 노래의 리듬감과 같다. 리듬감이 단조로우면 노래 또한 단조롭게 느껴진다. 말하기도 마찬가지이므로, 단조롭지 않은 리듬감을 주기 위해 속도를 조절할 필요가 있다. 이야기를 더욱 쫄깃하게 만들기 위해 리듬감을 준다고 생각하며 말의 속도를 적절히 조절해 보자.

# 사람의 마음을
## 흔드는 것은
### 결국 감성이다

똑 부러지고 정확하게 내 의사를 전달하기 위해서는 감정을
배제해야 한다고 생각하는 사람이 많다. 그래서 건조하기 짝
이 없는 말투, 혹은 자신의 감정을 드러내지 않기 위하여 반
사작용으로 신경질적이거나 무례한 말투를 사용한다. 그런
식으로 하고 싶은 말은 다 했을지 몰라도, 과연 상대의 마음
을 움직일 수 있을까?

　말로써 어떤 사람이나 상황에 영향력을 미칠 수 있는 사람
이야말로 '말을 잘하는 사람'이다. 이것은 청산유수 같은 말

솜씨와는 관계가 없는 것이라고 이미 말한 바 있다. TED나 〈세상을 바꾸는 시간, 15분〉 등에서 전문 방송인이나 강사가 아닌 사람들의 강연을 듣다 보면 그 점을 더욱 명확히 느낄 수 있을 것이다. 사람들은 심지어 약간 어눌하기까지 한 강사의 느릿느릿한 이야기에 감동받고, 변화를 결심하기도 한다. 이유가 무엇일까? 그의 이야기 속에 마음을 흔드는 무언가가 있었기 때문이다.

마지막으로 알아둬야 할 퍼포먼스 토킹의 기술은 바로 '마음에 가닿게 말하는 법'이다.


## 누구에게나 자신만의 스토리가 있다


살아오면서 얻은 깨달음이나 경험에서 오는 노하우는 나 자신의 고유한 콘텐츠이다. 나와 똑같은 인생을 살아온 사람은 없을 것이기 때문이다. 나만의 스토리는 다른 어떤 지식보다도 말하기의 중요한 자산이라 할 수 있다.

인간이라면 누구나 '이야기 본능'을 가지고 있다. 인간은 본능적으로 이야기를 좋아한다. 4천 년 전 고대 수메르인들부터 시작하여 인류는 영웅 이야기, 모험 이야기, 사랑 이야기 등 타인의 역경과 극복, 비극 등에 관한 이야기를 추구해 왔다. 정말로 한시도 좋아하지 않은 적이 없었다는 것이 정확할 것이다. 이것은 오늘날도 마찬가지이며, 일상 대화나 스피치에도 적용된다.

지식만 나열하는 사람과 이야기를 나누다 보면 따분함을 느낀다. 아무리 옳은 말, 바른말을 해도 재미가 없으니 귀 기울이지 않고 마음이 열리지 않는다. 그러나 지식에 자신의 경험이나 역사적 배경 등 이야기 요소를 섞어 말하면, 갑자기 흥미가 생기기 시작한다. 이야기에 몰입해 듣다 보면 어느덧 마음이 열리고 고개를 끄덕이게 된다.

상대의 마음을 움직이기에 가장 좋은 것은 '다른 사람들의 진짜 이야기'이다. 사람들은 같은 이야기라도 가짜보다는 진짜에 관심을 가진다. 실화를 바탕으로 한 영화가 항상 관객들의 주목을 끄는 것도 그러한 맥락이다. 타인의 삶은 언제나 흥미롭다. 거기에 진실성이 더해지면 흥미는 관심으로, 관심은 공감으로 발전된다.

SBS 〈판타스틱 듀오〉는 가수와 일반인이 듀엣으로 공연 무대에 오르는 프로그램이다. 어느 날 가수 장윤정 씨가 76세의 택시기사 분과 함께 듀엣 무대를 꾸리게 되었다. 그들이 선택한 것은 〈초혼〉이라는 노래였는데, 이승에서 이루지 못한 가슴 아픈 사랑에 대한 곡이다.

곧이어 택시기사의 사연이 소개되었다. 6년의 암투병 끝에 별세한 아내가 가장 좋아하던 곡이 바로 〈초혼〉이라는 것이다. 노령의 택시기사는 아내를 생각하며 매일 그 노래를 불렀다고 했다. 노래 시작 전 그는 "당신이 원했던 초혼을 부르게 되었는데, 열심히 부를게, 나 갈 때까지 기다려"라고 말했는데, 그 모습에 방청객을 비롯한 많은 사람들이 눈물을 흘렸다.

이처럼 특별한 스토리를 알고 듣는 노래는 그 감흥 또한

다를 수밖에 없다.


## 모든 사람의 스토리에는 나름의 가치가 있다


　단순히 말을 잘하는 사람보다 자신만의 경험을 가지고 이야기할 수 있는 사람이 더 큰 힘을 가진다. 말을 잘하는 사람은 상대의 흥미를 자극할 수 있으나, 자신만의 스토리를 가진 사람은 상대와 교감할 수 있기 때문이다. 힘든 상황을 이겨 낸 스토리는 사람들에게 희망을 준다. 소탈하고 평범한 일상 이야기는 공감을 불러일으킨다. 나와 닮은 듯 다른 인생 이야기에 사람들은 감정을 이입하고, 마음을 열곤 한다.

　'나는 특별할 것 하나 없는 사람인데'라고 실망할 필요가 없다. 필자 또한 '흔해 빠진 삶인데 누가 내 이야기에 누가 관심이나 있겠어?'라고 생각했었다. 수많은 강연과 상담을 거치며 사람들은 의외로 소박한 이야기에도 관심을 보이며 감정 이입한다는 것을 알게 되었다.

필자는 원래 숫기가 좀 없는 편이다. 이런 내가 어떻게 가수를 꿈꿨으며, 또 어쩌다가 가수가 아닌 트레이너의 길을 가게 되었는지 수강생들로부터 자주 질문을 받곤 한다. 그럴 때면 소소하지만 나의 지난 이야기를 들려준다.

우리 엄마의 꿈은 가수였다. 노래에 대한 열정이 남달라 직접 작곡가를 찾아가 오랜 시간 음악을 배우기도 했단다. 특히 이선희를 좋아해서 젊은 시절에는 테이프가 늘어질 정도로 그의 노래를 반복해 들었다고 한다. 그런 엄마의 영향으로 어린 시절 우리 집에는 항상 음악이 흐르고 있었다. 나는 아주 어릴 때부터 엄마의 꿈에 대해 들었고, 마이크를 들고 노래하며 춤추기를 좋아했다.

자라면서 엄마의 꿈은 곧 나의 꿈이 되었다. 노래를 하겠다는 마음으로, 보컬 전공을 목표로 대학교도 예대에 진학했다. 그러나 대학을 졸업한 후에는 현실적인 문제로 다양한 직업을 경험할 수밖에 없었다. 그 때문에 한때 좌절하기도 했었지만, 지나고 보니 그러한 경험이 내 자산이 되었다.

솔직히 말해 특별할 것 없는 인생 이야기이다. 비슷한 또래라 해도 나보다 훨씬 드라마틱한 경험을 한 사람이 수없이 많을 것이다. 그럼에도 필자와 대화를 나누는 사람들은 소박한 나의 이야기에 공감하고 관심을 보인다. 흔한 이야기는 흔한 대로, 특별한 이야기는 특별한 대로 모두 그 나름의 가치가 있다.

중요한 것은 진실성이다. 꾸며내는 것이 아니라 진짜 나 자신의 이야기를 들려주는 것이 중요하다. 말을 잘하고 싶다면 시각적 요소와 청각적 요소를 잘 연출하는 한편, 진실하고 진정성 있는 콘텐츠로 승부를 봐야 한다. 자신감 있고 여유로워 보이면서도 이야기에 가식이 없는 사람, 이런 사람에게는 누구나 호감을 느낄 수밖에 없다.


## 나만의 스토리를 찾아내는 법

지금이라도 나만의 스토리를 찾아보자. 생각이 나지 않는다면 지금까지의 삶을 반추해 보는 시간을 가지는 것이 좋은 방법이다. 우리 대부분은 삶을 돌아볼 여유 없이 바쁜 생활을 하고 있다. 잠시 시간을 내어 나의 인생 그래프를 그려보고, 지금까지의 삶을 삼등분하여 예를 들면 어린 시절, 학창 시절, 성인 등 그간 어떤 일이 있었는지 큰 맥락을 정리해 본다. 그리고 시기별로 전환점이 되었거나 기억에 남는 사건 등을 적어 본다.

이렇게 자신의 삶을 객관화해서 돌아보면 색다른 재미를 느낄 수 있다. 대화 중에 어떤 주제가 나오더라도 연관되는 나의 스토리를 금방 떠올릴 수 있을 것이다.


일기를 쓰는 것 또한 좋은 습관이다. 매일 있었던 일과 그로 인한 깨달음, 반성 등을 적다 보면 살면서 겪게 되는 이런 저런 문제에 관해 나름대로 생각이 정리된다. 혼자만의 고민으로 해결되지 않는 경우에는 정보를 검색하거나 책을 읽거나 타인에게 조언을 구함으로써 자기 나름의 결론에 다다를 수도 있다. 이같이 매일 생각을 정리하다 보면 일상 대화 속에 등장하는 대부분의 이슈, 논쟁 등에 빠르고 유연하게 대응할 수 있게 된다. 이야기 속에 자신의 경험을 녹여냄으로써 더욱 설득력 있는 말하기가 가능해지는 것은 덤이다.

● performance talking ─────────

지금까지 상대로 하여금 내 말에 주의를 기울이게끔 만드는 퍼포먼스 토킹의 다양한 기술들을 살펴보았다. 주의를 끌고, 내가 하는 말을 듣게끔 만들었다면, 그다음에는 상대의 마음을 움직일 차례이다. 이 단계에서는 내용(콘텐츠)의 진실성과 퀄리티가 중요해진다. 어디선가 들어본 듯한 이야기로는 부족하다. 사람들은 진짜 이야기, 한 번도 들어본 적 없는 이야기에 끌리기 마련이다. 나 자신의 에피소드, 혹은 나와 가까운 사람의 에피소드, 역사나 뉴스 속의 실화 등 진실된 이야기를 동원하면 내용을 더욱 풍성하게 만들고 듣는 이의 관심을 끌 수 있다.

# 나를 오픈해야
## 상대의 마음도
### 열린다

K씨는 좀처럼 자기 이야기를 꺼내기가 쉽지 않다고 했다.

"한 번도 제 이야기를 시원하게 해본 적이 없어요. 안 그래도 남들 앞에서 말하는 것 자체가 떨리는데, 제 이야기를 할 엄두가 나지 않아요."

실제로 관찰해 보니, 다른 사람들과 함께 어울리더라도 주로 듣는 쪽이었다. 자기 이야기를 잘 하지 않아서 사람들이 한창 신변잡기적인 대화에 몰두할 때면 그 혼자 마치 병풍처럼 느껴질 정도였다.

더 큰 문제는 K씨에게 곧 중대한 강연 날이 다가오고 있다는 것이었다. 안 그래도 말주변이 없는 타입인 데다 많은 사람을 대상으로 강연해 본 경험은 더더욱 없었기에 걱정이 태산이었다. 철저하게 준비했지만 당일에 과연 잘 해낼 수 있을지 불안했다. 그리고 강연 당일, 너무나 긴장한 탓에 뜻밖의 말이 튀어나왔다고 한다.

"제가 긴장을 너무 많이 하는 성격이라 굉장히 떨리네요."

그 순간 청중들로부터 응원의 박수가 터져 나왔고, 강당 안의 분위기가 한층 부드러워졌다. 덕분에 생각보다 긴장하지 않은 채로 무사히 강연을 마칠 수 있었다.

사람의 마음은 논리가 아닌 감성에 의해 열린다. 그렇기 때문에 말하기에서는 더더욱 진실성과 진정성이 중요하다. K씨처럼 자신의 약점을 솔직히 고백하는 것은 진정성을 보여주는 행위로, 본격적으로 이야기하기 전에 상대의 마음에 가벼운 노크를 하는 것과 같다. 마음의 문을 열 준비를 하게끔 하는 것이다.

또한 자신의 마음이 편해지는 효과도 있다. 약점을 인정하고 나면 마음이 홀가분해진다. '실수할 수도 있지만 너그러이 봐주십시오'라는 의사를 이미 한 번 전달한 것이나 마찬가지이기 때문에 '실수하면 어쩌지?'라는 생각으로부터 조금은 자유로워질 수 있다.

말하는 도중 실수를 저질렀을 때도 비슷한 방식으로 양해를 구할 수 있다. "열심히 준비했는데 내용을 순간 잊어버렸네요, 죄송합니다"라거나 "제가 방금 의도치 않게 실례한 것 같은데, 사과드립니다. 저도 모르게 말실수를 한 것 같아요"라고 솔직하게 고백하고 사과하는 편이 낫다. 발표장의 분위기나 인간관계가 꼬이기 전에 빠르게 매듭을 풀어버리는 것이다. 이것이 스텝을 한 번 잘못 밟은 나머지 뒤의 스텝까지 전부 꼬이지 않는 요령이다.

특히 발표나 프레젠테이션 같은 스피치 도중 연사가 당황하면 청중도 같이 당황하게 된다. 실수했을 때를 대비한 말을 한두 가지쯤 준비해두자. 실수하더라도 준비한 멘트를 하면서 머리를 정리할 시간을 벌 수 있고, 또 자신의 잘못을 솔직히 인정하는 말로 분위기를 전환시킬 수도 있다.


## 에피소드로 마음에 달라붙게 하라


에피소드가 없는 이야기는 감정이 느껴지지 않는 노래와 같다. 아무리 좋은 내용이라도 와 닿지 않는다.

그렇다면 에피소드란 무엇일까? 에피소드는 일상 속에서 특별했던 경험을 말한다. 에피소드가 모이면 하나의 스토리가 만들어진다. 에피소드로 사용하기 가장 좋은 것은 바로 자신의 이야기이다. 내가 느꼈던 당시의 기분과 분위기 등을 잘 살려서 전달할 수 있으므로 상대의 공감을 이끌어내기 좋다.


우리는 친한 친구와 즐거운 대화를 나눌 때 '이런 말을 하면 나를 어떻게 생각할까?' 고민하지 않는다. 편안하게 근래에 있었던 일, 최근의 경험 등을 이야기한다. 친구의 이야기를 들으며 공감하고, 비슷한 경험을 이야기하며 대화를 이어나간다.

내가 경험한 에피소드를 사용해 이야기하다 보면, 별로 친하지 않은 사람 혹은 청중들 앞에서도 친구와 대화하듯 편안하게 이야기를 풀어낼 수 있다. 세세하게 표현하거나, 조금 축소해서 말하는 것도 가능하다. 나의 이야기이기 때문이다.

대화할 때 상대의 이야기에 공감하며 내 이야기를 꺼내면 더 깊은 교감이 가능하다. 대중 앞에서 스피치 할 때 에피소드를 사용하면 청중들도 자신의 경험 속에서 비슷한 사례를 찾아볼 것이다. 에피소드는 이야기의 흐름을 물 흐르듯 자연스럽게 이어준다.


필자는 첫 강의 시간이면 나의 이야기를 하고, 수강생들의 이야기를 들으면서 수업을 시작한다. 노래를 좋아해서 보컬을 전공했으나 자신감이 없어서 대중 앞에서 노래하기가 겁났던 나의 지난날, 수강생들이 필자의 수업을 들은 후 변화한 이야기 등을 들려준다. 첫 수업을 받는 수강생들은 이러한 에피소드를 듣고 희망을 가지게 된다.

만약 수업 시작 전 에피소드를 소개하지 않고, 정보만 나열하며 노래란 이렇게 하는 것이다, 라는 말만 한다면 수강생들이 과연 흥미를 느낄까? 동기부여가 제대로 되지 않을 것이다. 나의 경험이 들어간 진정성 담긴 이야기를 전달했기 때문에 수강생들은 더욱 집중하게 되며 '나도 변화할 수 있겠다'는 기대감을 안게 된다. 그리고 스스로 느끼고 깨달았기에 점차 행동으로 옮기게 된다.


## 에피소드를 수집하는 방법


그렇다면 꼭 나 자신의 이야기만 에피소드로 사용할 수 있는 걸까? 그렇지는 않다. 자신의 이야기가 아니더라도 이야기의 소스로 사용할 수 있다. 가까운 동료나 지인의 이야기도 좋은 소재가 되어 준다. 다만, 자칫 잘못하면 남의 이야기를 옮긴다는 인상을 줄 수 있으므로 주의하자. 누군가 이야기 해준 재미있는 에피소드를 기억해 뒀다가 활용하는 것과, 누군가가 없는 자리에서 그에 관한 이야기를 하는 것은 차이가 있다. 후자의 경우 '이 사람은 남 얘기 말고는 할 얘기가 없나', 또는 '왜 본인이 없는 자리에서 그 사람에 관한 뒷이야기를 하는가'라는 생각이 들게 할 수 있다.

다른 사람이나 역사 속·뉴스 속·유명인사 등의 에피소드를 잘 활용하려면 평상시 에피소드를 수집하는 것이 도움이 된다. 방송인 김제동 씨는 이런 식의 에피소드 활용을 무척 잘하는 것으로 유명한데, 공감과 깨달음을 이끌어내는 말을 많이 해서 '김제동 어록'까지 회자될 정도이다. 그런 그가 말 잘하는 비법으로 꼽은 것이 바로 신문과 책이다. 평소 신문 스크랩이 취미이며, 신문과 책 속에서 활용할 만한 에피소드, 이야깃거리를 찾는다고 한다.

필자 또한 특별한 경험을 하거나 수강생들이 자신들의 경험을 이야기한 내용을 토대로 에피소드를 정리해 두고, 적절하게 사용하고 있다. 이처럼 에피소드는 평소에 미리 준비해 두는 편이 좋다. 말하고자 하는 메시지를 효과적으로 뒷받침하는 역할을 해주므로, 가능하면 다채로운 에피소드를 수집해 놓는 것이 도움이 된다. 미리 준비해 두고 필요할 때 주제에 맞게 사용하자. 수첩에 적어 놓거나 스크랩해 놓는 것이 좋은 방법이다.

상황에 맞는 선곡이 센스를 돋보이게 하듯, 상황에 맞게 에피소드를 활용하여 이야기의 흐름을 원활하게 해주면 말솜씨가 돋보이게 된다.

● performance talking ───────────

주장을 펼치거나 지식을 전달할 때도 에피소드를 적절히 섞어 이야기하면 전달력이 배가 된다. 나만의 스토리 속에서 주제와 관련된 에피소드, 경험을 찾아내자. 경험을 말할 때는 그 상황의 감정까지 되살리며 이야기해 보자. 실감 나게 전달하면 듣는 사람도 더욱 몰입하게 된다. 자신의 경험인 만큼 편안하고 진솔하게 표현할 수 있을 것이다. 감정이 자연스럽게 녹아들며 맛있는 표현이 가능해진다.

# 생동감
# 넘치는
# 쫄깃한 화법의 비밀

◇
◇
◇
◇
◇
◇
◇
◇
◇

같은 에피소드를 말해도 어떤 사람의 이야기는 흥미진진한데, 어떤 사람의 말은 밋밋하기 짝이 없다. 누구나 한 번쯤 이런 경험을 해보았을 것이다. 왜 이런 차이가 생기는 걸까? 바로 표현력의 차이 때문이다.

상대방의 마음을 두드릴 만한 좋은 소재에피소드, 나의 이야기 등를 찾았다면 이제 쫄깃한 표현력, 즉 연기력으로 마무리할 차례이다. 연기력에 따라 내용 또한 생동감 있게 다가가느냐 그렇지 않느냐의 차이가 난다.

생동감 넘치는 전달을 위해 네 가지의 기술을 소개하겠다. 어떻게 연출하느냐에 따라 같은 콘텐츠라도 완전히 다른 결과로 이어질 수 있다는 걸 염두에 두고, 다음의 노하우들을 내 것으로 만들기를 바란다.

첫째, 강조하고자 하는 부분에서 감정을 실어 이야기한다. 감정을 담아서 부르는 노래는 마음의 울림을 주고, 감동을 전한다. 감정 없이 부르는 노래는 글을 읽는 것과 같다.

마찬가지로, 마음이 담긴 이야기는 감동을 준다. 예를 들어 행복하다는 말을 할 때는 온 마음을 다해 행복하다고 말해 보자. 편하게 말하는 것과 마음을 담아 말하는 것은 전해받는 느낌이 다르다. 상대의 눈을 보고 말하면 감정을 배로 전달할 수 있다.

둘째, 소리를 늘려서 강조해 준다. 말을 빠르게 하면 무미건조하지만, 소리를 늘려서 말하면 표현이 풍부해지며 부각된다. 이는 노래를 부를 때도 많이 사용되는 기법이다. 예를 들어 노래에 '먼 산'이라는 가사가 있다. 멀리 있는 산을 표현해야 한다면 그냥 말하는 것이 아니라 '먼~ 산'이라고 늘려서 이야기한다. 이렇게 하면 정말 멀리 있는 산을 표현하는 듯 느껴진다. 같은 말이라도 단조로운 표현에서 감정이 담긴 풍성한 표현으로 바뀔 수 있다.

셋째, 포즈pause. 잠시 멈춤를 사용한다. 말 사이에 포즈를 넣어주면 상대의 집중을 유도할 수 있다. 노래를 부를 때에도 짧게 끊어주며 포즈를 두는 경우가 있는데, 디테일한 표현을 위해서이다. 단, 적절한 포즈는 맛있는 표현에 도움이 되지만 너무 잦은 포즈는 좋지 않다는 것을 기억해 두자. 아무리 좋은 것이라도 과함은 금물이다.

포즈로 강조를 표현할 수도 있다. 말하고자 하는 내용이나 강조하고 싶은 부분 앞에 잠시 포즈를 둔다. 말할 때도 노래하듯 포즈를 통해 생동감 넘치는 표현을 해줄 수 있다. 다이내믹한 표현을 하고 싶다면 한 호흡으로 길게 읽는 연습을 해두는 것이 좋다. 길게 호흡할 수 있으면 호흡에 구애받지 않고 자유자재로 표현할 수 있기 때문이다.

  넷째, 꾸며주는 말을 사용하여 재미있게 표현하자. 지난 대통령 선거 개표방송을 떠올려 보자. 각 지역마다 재미있게 연출하여 소개했다. 한 방송사는 시청자가 쉽게 이해할 수 있도록 귀여운 마스코트와 상황에 맞는 그림을 사용하기도 했다. 이를 테면 "대전 ○○%입니다"라고 건조하게 말하는 대신 "빵집 앞에 많은 사람이 줄지어 기다리고 있습니다. 대전 ○○%입니다"라고 꾸며주는 말을 넣어준 것이다.

  같은 한 마디라도 재미있게 말을 꾸며서 달리 표현할 수 있다. 꾸며주는 말을 사용하면 재치 있는 내용으로 바뀐다. 나만의 문구를 넣어 센스 있게 표현해 보자.

  이 같은 꾸며주는 표현은 자신을 소개할 때 넣어 보면 좋다. 꾸며주는 말을 넣어 소개하면 사람들의 기억에 오래 남을 수 있다.

생동감 있게 전달하는 네 가지 기술은 다음과 같다. 첫째, 강조하고 싶은 내용에 감정을 실어준다. 둘째, 소리를 늘여 강조해 준다. 셋째, 포즈를 사용한다. 넷째, 꾸며주는 문구를 사용한다. 이 네 가지 기술을 사용해 전달한다면 듣는 사람의 집중도를 높일 수 있고 말하고자 하는 부분을 제대로 전달할 수 있다. 내용에 따라 적절한 기술과 감정을 넣어 보자. 마음에 달라붙는 쫄깃한 화법은 표현력(연기력)이 핵심이다.

국립중앙도서관 출판예정도서목록(CIP)

말주변이 없어도 똑 부러지게 말하는 법 / 지은이: 이다정.
— [서울] : 예문, 2018
     p. ;   cm

표제관련정보: 정확히 표현하면서도 기분 좋게 기억되는 말투의 기술
ISBN 978-89-5659-345-6 03190 : ₩13000

화술(언어)[話術]
대화법[對話法]

802.5-KDC6
808.5-DDC23                                CIP2018013669

# 말주변이 없어도 똑부러지게 말하는 법

초판 1쇄 인쇄일 2018년 5월 3일 • 초판 1쇄 발행일 2018년 5월 9일
지은이 이다정
펴낸곳 (주)도서출판 예문 • 펴낸이 이주현
등록번호 제307-2009-48호 • 등록일 1995년 3월 22일 • 전화 02-765-2306
팩스 02-765-9306 • 홈페이지 www.yemun.co.kr
주소 서울시 강북구 솔샘로67길 62 코리아나빌딩 904호

ⓒ 2018, 이다정
ISBN 978-89-5659-345-6  03190